人生を取り戻す

「まさかの時代」を生き抜く力

高橋佳子

コロナ禍《か》の3年間、著者は、状況《じょうきょう》に応じて会場（オンサイト）とインターネット中継《ちゅうけい》（オンライン）を使い分けながら、予定された講演や講義を1度もキャンセルすることなく、実施《じっし》し続けた。そのことによって、人と人のつながり・交流は維持《いじ》され、「魂の学」に基づく新たな生き方にチャレンジする人々の歩みは一層深まっていった。そして、その1人ひとりの実践《じっせん》は、そこで培《つちか》われた心の成長と進化が、それにとどまることなく、具体的な現実を変え、問題を解決し、未来を開く力を抱《いだ》いていることを何よりも実証している。

（写真は2022年12月の講演会より）

人生を取り戻す

「まさかの時代」を生き抜く力

高橋佳子

目次

第2章　「親ガチャ」から取り戻す　69

第3章　「窓際」から取り戻す

第4章 「回り道」から取り戻す 145

第5章 「落ちこぼれ」から取り戻す 181

第6章 「病」から取り戻す

第7章 「喪失」から取り戻す 251

エピローグ——奇跡の横棒1本 281

（本文写真のキャプション／文責・編集部）

プロローグ――人生を取り戻す

コロナ禍《か》の中で

コロナ禍の混乱に翻弄《ほんろう》された3年間――。私たちは、様々な制限の下《もと》で人生を生きることを余儀《よぎ》なくされました。

新型コロナウイルスが現れた当初、私たちは、この新しい感染症《かんせんしょう》に対して何ら知識をもち合わせてはいませんでした。

そして、またたく間《ま》に広がる感染拡大を目の前に、もしかしたら、近い将来、世界全体が深刻な行き止まりを迎《むか》え、暗黒の未来が現れるかもしれない……。

多くの人が、そのような恐怖に苛《さいな》まれたのです。

社会が未知の状況《じょうきょう》に直面したとき、私たちは、より確かだと思われる情報を周囲に求めるようになります。その中で、連日、専門家やコメンテーターと呼ばれる人たちが、様々な情報を発信し始めました。しかし、「未知」という点に関して、これらの情報発信者と私たちは、何ら変わることはなかったのです。

多くのマスコミは、コロナの危険性を指摘《してき》することに全力を注《そそ》ぐかのようでした。

しかし、そのことが、人々の心にどのような影響《えいきょう》を与《あた》えるかについては、ほとんど配《はい》慮《りょ》がなかったように思えます。多くの人々の心に、無配慮な情報が刻々とどまることなく流れ込むことになりました。

その結果、私たちは、心身ともに虚弱《きょじゃく》状態に陥《おちい》っていったのです。

人々は、過度《かど》に外出を控《ひか》えるようになりました。そのことで、コロナ以前と比べて体重が増えたという人、逆に、食欲が衰《おとろ》え、体重が減少したという人が増えています。

日々の基礎的《きそてき》な身体活動量が少なくなることによって、私たちは自分で思う以上に、顕在的《けんざいてき》、潜在的《せんざいてき》に身体的な問題を抱《かか》えることになりました。

特に年配の方々には、病気ではないけれど、要介護《ようかいご》の前段階であるフレイル（虚弱状態）に陥る人が続出したのです。

人生を取り戻すとき

しかし、実は、身体に対する影響《えいきょう》以上に、より深刻なのは、コロナが私たちの精神に与《あた》えた影響です。

体力がなくなることで、何をやってもすぐに疲《つか》れてしまう。

これまでならば、特に気に留《と》めることもなく、自然にしていた行動が億劫《おっくう》になった。学校の友人や職場の仲間と出会い、素顔《すがお》で交流する機会も少なくなりました。いろいろなものに好奇心や興味、関心をもてなくなった。ワクワクする気持ちで1日が始まることが少なくなった。気がつくと、笑ったり、感動したり、憤《いきどお》ったりといった心のはたらきを失い、ぼんやりとテレビの前に座《すわ》っている時間が多くなっている。ネットの動画を理由《わけ》もなく見つめている。

あなたも心当たりはないでしょうか。

そういう中で、私たちにとって、もっとも大切で、もっとも注力《ちゅうりょく》すべき人生のことを考えなくなっていったのです。コロナ禍《か》を通して、私たちは、この世界が堪《た》え忍《しの》ばなければならない場所――「忍土《にんど》」であることを改めて思い知らされることになりました。

その忍土の中で、自分の人生が、どこか遠くへ行ってしまった。

本来の自分の人生とは、違《ちが》うものになってしまった。

そのように感じている方も、少なくないのではないでしょうか。

私たちは今、自らの人生を取り戻さなければならない時を迎《むか》えていると思うのです。

もっとも近くにあり、いつもそこにあり、ずっとあり続けるもの

そして、人生を取り戻さなければならないのは、コロナ禍《か》からだけではありません。私たちは、自らの人生を手放《てばな》しかねない多くの危機に取り囲まれているのです。

あなたにとって、人生とはどのようなものでしょうか。

それは、あなたのもっとも近くにあり続けるもの。生まれたときからそこにあり、この世を去るその日まで、一瞬《いっしゅん》たりともあなたの傍《そば》を離れることはありません。

いったん始まると、終わるまでずっと付き合い続けなければならないものです。

どんなに嫌気《いやけ》がさしても、その契約《けいやく》を破棄《はき》して、途中《とちゅう》で別の契約に乗り換《か》えることはできないのです。

しかし――。それほど親密で大切な人生であるにもかかわらず、自らの人生を手放してしまっている人が、いかに多いことでしょうか。

人生の手放し方は、人それぞれです。

「自分の人生なんて、所詮《しょせん》、こんなもの」

「結局自分は、何にもなれずに消えてゆく」

「自分の人生、そろそろ潮時《しおどき》。もう先は見えたかな」

人生を手放したとき、私たちにとって、人生の意味を考えることは重荷でしかありません。そもそも、人生の意味などというものは、大リーグの大谷翔平《おおたにしょうへい》選手や将棋《しょうぎ》の藤井《ふじい》聡太竜王《そうたりゅうおう》のように、功成《こうな》り名を遂《と》げたスーパースターのためにある言葉で、平々凡々《へいへいぼんぼん》な毎日を生きる自分には関係ない――。

もっとも個人的なものであるにもかかわらず、自分の人生に対してどこか他人事《ひとごと》。ましてや、より良い人生を生きる意欲なんて、とても湧《わ》いてこない。

そんな感覚をもつ人は、少なくないのではないでしょうか。

むしろ、そうした気持ちになることの方が自然なのです。

トーナメントとしての人生

人生を手放《てばな》してしまうきっかけは、山ほどあります。

第1志望の大学受験に失敗してしまい、未来に何の希望ももてなくなった。

意中の人と一緒《いっしょ》になることができず、思い描《えが》いていた家庭生活は期待できない。

一世一代の仕事に失敗し、社内の出世競争から脱落《だつらく》してしまった。

天災に巻き込まれ、突然《とつぜん》、財産のほとんどを失ってしまった。

大きな病の宣告。これからずっと不安を抱《かか》えながら生きてゆくのは、つらすぎる。

そして、それらの事態を前にして、人生を手放す理由を挙《あ》げれば、キリがありません。

「だって、あんな両親の下《もと》に生まれてしまったから」

「だって、こんな理不尽《りふじん》がまかり通る社会の中では、どうしようもないでしょう」

「だって、こんなことを経験したら、誰《だれ》でもそうなるでしょう」

「私の人生は、そもそもその最初から不運の中にあるんだから」

これらの理由は、「もっともだね」「仕方《しかた》がなかったね」と私たちを納得させてしまうだけの、十分な説得力をもっているのです。

人生は、あたかもトーナメントのようなもの。1度負けたら、もう次へ進めない。たとえ事実はそうでなくても、そう思わざるを得なくなるのが人生なのです。

だとすると、最終的に「人生の勝ち組」に残れる人は、きわめて少数の人だけになってしまうのも無理はありません。

声なき声

人生とは、何と厄介《やっかい》なものでしょうか。

「簡単すぎる人生に、生きる価値などない」

ギリシャの哲人《てつじん》、ソクラテスの言葉です。

人生は、複雑で難解だからこそ、生きる価値がある。

しかし、この言葉に素直に共感できる人は、多くはないでしょう。

「そんな超難問にどう向かい合ってゆけばよいのか、さっぱりわからない」

「毎日の生活が忙《いそが》しくて、とてもそんな高尚《こうしょう》なことを考える余裕《よゆう》はない」

多くの人がそう感じるのではないでしょうか。

もっとも近くにあり、常に変わらずそこにあり続ける私たちの人生。

「人生をどう生きてゆけばよいのか」

「良い人生を生きるとは、どのようなことなのか」

ずっと昔、そんな問いを抱《いだ》いたことはあった。しかし、答えはわからず、何十年も考えることをやめていた。それ以来、思い出すことさえなかった問い——。

しかし、人生の問題は、あなたにとって、もっとも重要で、大切な課題であり続けているのです。限られた時間の中で、後回《あとまわ》しにできない喫緊《きっきん》のテーマでもあります。

さらに言えば、人生の問題は、すべての人類に共通した課題です。

この問題から逃《のが》れることができる人は誰《だれ》もいません。

無関心を装《よそお》っている人でも、心のどこかで、いつもこの問題が燻《くすぶ》り続けているのではないでしょうか。むしろ、煙《けむり》が立っているから、必要以上にその火種《ひだね》を無視して、ダンマリを決め込んでいるとは言えないでしょうか。

あなたは、あなたの中にある、その声なき声を、これからも無視し続けてゆくのでしょうか。

もう1つの道

今、「この世界で、もっとも確かで頼《たよ》りになる道は何か」と問われるなら、多くの人々が「それは科学だ」と答えるはずです。

科学は、世界に山積《さんせき》する多くの難問を解決してきました。現在の人類の繁栄《はんえい》があるのは、とりわけ18世紀の産業革命以来の科学技術の発展によるところが大きいでしょう。

実際、人類史を通じて変わることのない大問題だった「貧困」「病」「戦争」さえ、すべて解決とまではいかないまでも、大きな改善と進歩が達成されてきたことも事実です。

しかし、**1人ひとりが「人生をどう生きてゆけばよいのか」という超難問に関して**

は、科学はその答えを導き出してはくれません。私たちは、この人生の難問を解く新たな道――「もう1つの道」を探さなければならないのです。

科学が外なる世界を探究する道であるとするならば、もう1つの道は、私たちの内側を深く掘《ほ》り進んでゆく道です。

その道は、現代社会にあって、もはや多くの人々の関心から除外されてしまった人類の営《いとな》み――宗教や信仰と呼ばれる営みの中に、見え隠《かく》れしてきたものです。

その叡智《えいち》の道は、科学がもたらした圧倒的《あっとうてき》な発展、拡大、膨張《ぼうちょう》の歴史の傍流《ぼうりゅう》で、密《ひそ》やかに、しかし確かに、語り継《つ》がれているのです。

「隣人《りんじん》を愛しなさい」

たとえば、「隣人を愛しなさい」と説いたイエス――。

隣人を愛するのは、単に道徳的に良いことだから、倫理的《りんりてき》に正しいことだから、そうするのではありません。そう生きることが人間にとって本来、自然なことであり、それが良い人生を生きるための秘訣《ひけつ》だからです。

ハーバード大学で、７２４人を対象に、生まれて以降、75年以上の長期にわたって、全員の人生を追跡《ついせき》した研究があります。これは、史上最長の追跡調査とされています。

その結果、人生の良さを決定したのは、生まれ育ちや学歴、職業、財産ではなく、人間関係でした。しかもそれは、知人の数や広がりではなく、近くにいるごく少数の友人との関係であることが判明したのです。

つまり、この研究が明らかにしたのは、隣人を愛し、隣人と良い人間関係をつくりあげてゆくことこそが、「良い人生を生きる」ことの最も重要な要因であるということです。

無我《むが》という世界認識

一方、仏教の開祖《かいそ》ブッダ（釈尊《しゃくそん》）は、「無我」を説きました。

無我という概念は、様々な側面を抱《いだ》いていますが、そこに一貫《いっかん》しているのは、「世界から孤立《こりつ》した自我《じが》など存在しない」という考えです。ブッダは、世界と一体化した自分という自己認識、世界認識のあり方を示したのです。

ここ数世紀、人類は、自分と世界を切り離し、自我の中心を強くして、世界を自分のコントロール下に置くことに進歩の道を見出《みいだ》してきました。自我を強化し、世界の主宰《しゅさい》者《しゃ》となることを、行くべきゴールに定めたのです。

しかし、今日《こんにち》の私たちはどうでしょう。

進歩によってもたらされた多くを享受《きょうじゅ》しながら、同時に限界も明らかになり、近年、わが国で注目されているのがＳＤＧｓ《エスディージーズ》（持続可能な開発目標）という考え方です。国連を通じて提案された17項目《こうもく》の目標ですが、そこでは、とりわけ世界と切り離すことができない人間の営《いとな》みという認識が強調されています。

このような認識は、世界を人間の支配下に置くことを是《ぜ》とする科学の一方的な眺《なが》めからは、決して生まれることがなかったように思います。

それに加えて、近年では、マインドフルネスなど、瞑想《めいそう》や禅定《ぜんじょう》の大切さが再認識されています。自分の輪郭《りんかく》を超えて世界と一体となってゆく体験――日常の中でそういう時間をもつことが、良い人生を生きるために大切な要因であることを、多くの人が知るところとなりました。

さらに、脳科学の知見《ちけん》は、そういった感覚が単なる思い込みや幻想《げんそう》ではなく、実体のある体験として、その人の内面に生じていることを示しています。

ここでも、「もう1つの道」において、「人生を良く生きる」ための新しい指針が示され、実践《じっせん》されているのです。

魂の感覚——もう1つの道の核心《かくしん》

科学がどれほど多くの可能性を開いてきたとしても、科学だけでは解決できない問題が、人生という超難解な問題なのです。

宗教的な道を開いたイエスとブッダという先達《せんだつ》の歩みから明らかなように、本書が探求する「もう1つの道」が、人間の内なる次元と見えないつながりを大切にするものであることは確かです。しかし、それだけでは十分ではないでしょう。

ここで、その核心としてお伝えしたいのは、この道が魂の感覚、言い換《か》えれば、人間を魂と見るまなざしを必要としている点です。

人間を魂として見るまなざし——。それはどういうものでしょう。

今日《こんにち》、多くの人々が意識することもなく受け入れているのは、「人間は遺伝子《いでんし》からできている物質的な存在」という見方であり、心は脳のはたらきに過ぎず、死んだらすべて終わりという感覚です。

それらは、人間を魂と見るまなざしとはまったく異なるものです。

魂とは、一言で言えば、人間を人間たらしめている中心であり、その本質——。そして光と闇《やみ》を抱《いだ》いたエネルギーの源《みなもと》です。

私は、その魂を「智慧《ちえ》もつ意志のエネルギー」と呼んできました。それは、肉体が死を迎《むか》えても生き続け、幾度も人生を経験してきた主体でもあります。

宇宙と人間は、星雲から恒星《こうせい》、惑星《わくせい》、動植鉱物、海、川、雲、波、物質を構成する分子、原子、電子、陽子、光、あらゆるエネルギーのすべて、見える次元も見えない次元も、物質の次元も物質を超えた次元も、縦横無尽《じゅうおうむじん》に張り巡《めぐ》らされたつながりによって、一体になっています。1人ひとりの魂は、そのつながりを束《たば》ねる結び目なのです。

私は、幼い頃《ころ》から、魂の世界、魂の次元に触《ふ》れ、親しんできました。日々の生活の中で、また大自然の中で、幾度《いくど》も霊的な体験をし、超自然的な現象にも出会いました。他の人には見えない霊的な存在と接触《せっしょく》したり、幽体離脱《ゆうたいりだつ》を経験したり、瞑想中《めいそうちゅう》に高次の存在からメッセージを受け取ったりすることも、めずらしくはありませんでした（拙《せっ》著《ちょ》『魂の冒険』を参照）。

この世界には物質の次元を超えた見えないつながりが張り巡らされていて、人間が物質を超えた魂の存在であることは、私にとって自明《じめい》のことであり、疑いようのない事実です。

そして、その事実は絶えず私に、今、目の前にしている現実の意味を教え、成就《じょうじゅ》すべき青写真を示唆《しさ》し、私が人生を通して果たさなければならないミッションを問いかけてくれました。

だからこそ、人生や生き方について考え、現実の問題に取り組むとき、その事実を土台としないことは、私にとっては考えられないことであり、もったいないことであり、あまりにも無謀《むぼう》なことにさえ思えるのです。

それは、個人的な想いにとどまるものではありません。

物質の次元に押し込められがちな科学の領域《りょういき》でも、多くの科学者が物質を超える次元を含《ふく》めて人間を捉《とら》える必要を感じ、果敢《かかん》にその研究や探究を進めています。

たとえば、臨死体験《りんしたいけん》（near-death experience）に関する体系的研究を通じて人間存在の真相に迫《せま》るブルース・グレイソン博士やケネス・リング博士。脳神経外科医だった自身の臨死体験から人間が物質を超える存在であると主張するエベン・アレグザンダー氏。前世の記憶について、世界中から２６００件以上の報告を集め、総合的に探求を進めている米国バージニア大学の研究者たちは、それらを代表する人々でしょう。

「身体の情報」（遺伝子）と「魂の情報」の両方がわからなければ、人間という存在は理解できないし、「命」（いのち）も理解できない――。そう語る、わが国の分子生物学者、村上和雄《むらかみかずお》氏もそのお1人です。

魂の感覚を抱《いだ》くとき、すべてが一変《いっぺん》する

元来、日本人には、こうした物質を超えるものを受けとめる感性や心性があります。わが国の人々は、歴史的にも、常に目に見えない世界との交流を大切にしてきました。『今昔物語《こんじゃくものがたり》』や『宇治拾遺物語《うじしゅういものがたり》』を取り上げるまでもなく、明治時代まで、人々は思《し》念《ねん》の力を信じ、霊の存在は、私たちの日常のものであったのです。

しかし、今やどうでしょう。

大自然の中で畏敬《いけい》の念を抱いたり、神社や寺院を訪れたときに大いなる存在や亡き魂に想いを馳《は》せたり、そこはかとない気配《けはい》に何かの呼びかけを聴き取ったりする。そのような見えない次元につながる繊細《せんさい》な感覚をもっていても、いざ、それが公《おおやけ》のテーマになった途端《とたん》、多くの人々は、自身の内なる感性を否定してしまうのです。

それは、ことに第2次世界大戦後、マルクス主義などの影響《えいきょう》によって唯物的《ゆいぶつてき》世界観が蔓延《まんえん》し、科学本来の役割を無視した、物質的な次元ですべてを解釈《かいしゃく》しようとする物質主義の膨張《ぼうちょう》とともに顕著《けんちょ》になった傾向《けいこう》と言えます。

わが国では、心（魂）と脳の問題、臨死体験《りんしたいけん》など、人間の本質の探究について、科学者が取り上げることはほとんど皆無《かいむ》です。まるでケガレを避《さ》けるように忌避《きひ》されているのが現状です。

しかし海外では、前世の体験を語る子どもたちの調査や、心と脳の二元論などの考察が様々に発表されています。また、臨死体験については、1970年代のレイモンド・ムーディ博士やマイクル・B・セイボム博士らの報告を筆頭に、世界中で研究が進められ、世界五大医学雑誌として知られる『ランセット』（*The Lancet*）などの一流の学術雑誌を含《ふく》め、数百を超える研究が報告されてきました。コロナ禍《か》においても様々な研究成果が発表され続け、死後の世界を垣間見《かいまみ》た人々の体験が、真剣に検証されています。

肯定《こうてい》・否定の立場の違《ちが》いはあっても、少なくとも第一線で活躍する科学者を含む多くの研究者によって、議論は続いているのです。そこには、人間の本質の探究こそ、科学が担《にな》うべきテーマの1つであるという姿勢が見て取れます。それがわが国ではかなわないのは、本当に残念なことです。

本書の冒頭で、このような魂のことに触《ふ》れたのは、私たちが自らの人生を取り戻してゆくうえで、それが決定的な意味をもっているからです。

実際、「人間は魂の存在である」という確信をもつとき、すべてが一変してしまうほどの劇的な変化がもたらされるのです。

自らの本質を魂と受けとめたとき、人生における出会いと出来事は、偶然《ぐうぜん》に生じたものではなくなります。それら1つ1つが、そのときに成就《じょうじゅ》すべき青写真を示唆《しさ》し、果たすべき人生の仕事、魂の使命の手がかりとなります。

自分自身を魂だと思えるとき、私たちが生きているこの世界は、偶然に生まれ、何となく人生を営《いとな》む場所ではなくなります。魂にとって肉体は、言うなれば「バイオスーツ」(「有機的な衣服」の意)。人生は、魂がバイオスーツをまとうことによって初めて経験できる修行の場となり、自らを成長・進化させてゆく絶好の機会となります。

そして、人間がつくった優劣《ゆうれつ》の尺度《しゃくど》で差別されることなく、誰《だれ》もがそれぞれの生きる場所で、かけがえのない役割を抱いた存在であることが明らかになるのです。

まさに、1人ひとりの人生が、そのように取り戻されるべきものであることを、私たちは教えられるのです。

人生を取り戻す7つの実践《じっせん》・7つの挑戦《ちょうせん》

本書では、今述べた魂の感覚、魂の重心を確かにすることによって、人生を取り戻す「もう1つの道」を読者と共に探求してゆきます。

第1章 「コロナ」から取り戻す
第2章 「親ガチャ」から取り戻す
第3章 「窓際《まどぎわ》」から取り戻す
第4章 「回り道」から取り戻す
第5章 「落ちこぼれ」から取り戻す
第6章 「病」から取り戻す
第7章 「喪失《そうしつ》」から取り戻す

これら7つの章では、「コロナ」「親ガチャ」「窓際」「回り道」「落ちこぼれ」「病」「喪失」といった、様々な理由から人生を手放《てばな》しかけた人たちの人生の危機を取り上げています。そして、その危機を乗り越え、いかにして自らの人生を取り戻したかという実践の歩みが記《しる》されています。その歩みはまた、それぞれの中に隠《かく》れていた可能性、隠れていた力を引き出していった挑戦の記録でもあります。

　そして、これらの人生の危機は、たまたま個人が抱《かか》えた危機ではありません。まさに日本人が直面している社会問題の1つ1つであり、本書は、その社会問題に私たち1人ひとりが自らの人生を通して取り組むことによって、解決の道をつけることができることを提言するものです。

　本書を手にしてくださったあなたも、ぜひ、ご自身のこれまでの人生を心に置いて読み進めていただければと思います。きっと、7人の登場人物の人生の歩みの中にご自身の姿を発見されるはずです。

　そして、そこから、あなた自身が自らの人生を取り戻す鍵《かぎ》を見出《みいだ》し、新たな歩みを始めていただけるなら、それ以上にうれしいことはありません。

高橋佳子

2023年4月

第1章　「コロナ」から取り戻す

世界を機能不全に陥《おちい》らせ、
人々から希望を奪《うば》い、無力感へと追い込んだ
新型コロナのパンデミック——。
しかし、私たちは決して無力ではない。
外なる世界と内なる世界をつないで
事態からの呼びかけに耳を傾《かたむ》けるとき、
試練は1人ひとりに人生の使命を運んでくる。
人は皆、「偶然《ぐうぜん》・たまたま」を超えて、
「必然」「理由」「意味」を生きる存在である。

私たち人間は無力なのか

2019年の年末から2020年初頭、中国武漢《ぶかん》からまたたく間《ま》に広がった新型コロナウイルス感染症《かんせんしょう》（COVID《コビッド》-19）による混乱は、世界中のあらゆる機能を麻痺《まひ》させるに十分でした。

当初、圧倒的《あっとうてき》な感染への不安によって、わが国では、多くの人が身動きが取れなくなりました。機能不全に陥《おちい》り、活動停止となった社会の中で、家に閉《と》じこもる生活を余儀《よぎ》なくされた人々――。その混乱をどうすることもできずに、途方《とほう》に暮《く》れた人も少なくありませんでした。

コロナ禍《か》において、どれほど多くの人が自らの力の限界を覚えたことでしょう。

こうした現実の中で、私たち1人ひとりに突きつけられた問いがあります。

それは、「社会全体を巻き込むような圧倒的な混乱、巨大な試練の前では、個々の人間は無力なのか」という問いかけです。

実際、多くの方が無力感に苛《さいな》まれていたのではないでしょうか。

そして、その問いかけを思わずにはいられないのは、こうした状況《じょうきょう》は、今回のコロナ禍に限ったことではないからです。

30年前のバブル崩壊《ほうかい》も、2008年のリーマンショックも、わが国で何度も生じている深刻な震災や水害も、ウクライナで続いている戦争もみなそうです。すべてを一気に押し流してしまう暗転の奔流《ほんりゅう》としか言いようのない現実――。

その最たるものの1つが、今回のコロナ禍ではなかったでしょうか。

巨大な試練の前では、人はなす術《すべ》なく、ただその荒波に翻弄《ほんろう》されるだけなのでしょうか。私たちは誰《だれ》もが、普段は気づかなくても、その問いかけに向き合い続けているのです。

辞職も考えた――挫折《ざせつ》にさらされた挑戦《ちょうせん》

コロナ禍《か》の最前線で、その問いかけに応《こた》えようとした1人の女性がいます。

東京の大学病院で看護師として勤務する小松尚子《こまつなおこ》さん――。小松さんが現在の病院に赴任《ふにん》したのは2018年4月。それまでは、東北の大学病院やその他の病院で看護師としての実績を積んできました。

小松さんがなぜ、東北から東京に転勤したのかと言えば、心機一転《しんきいってん》、「東京に出て、もう1度、看護を勉強し直したい」と志したからです。

それまで心臓専門のセンターや救急外来での勤務経験があったことから、新たな病院では、当初、CCU《シーシーユー》（冠疾患集中治療室《かんしっかん》）に配属されました。意気揚々《いきようよう》として向かった新たな職場。しかし、現実は思い描《えが》いていたようにはなりませんでした。仕事は想像以上に厳しく、新たな職場での人間関係にもなじめませんでした。

あまりにハードな職場環境。それ以上にむずかしい人間関係――。

「何でこんなところを選んじゃったんだろう」とすぐさまつぶやいたほどでした。

「就職先を間違《まちが》えた」。そんな気持ちの中で葛藤《かっとう》し、やがて辞職を申し出たのです。

ちょうどその頃《ころ》、私は、小松さんにメッセージを差し上げました。

「これから始まる新たな歩みの中で、あなたはどんな出会い、出来事に恵《めぐ》まれることになるでしょう。その1つ1つの経験の中で、本当のあなたが現れますように――」

それは、新たな門出《かどで》を祝い、これからの歩みを励《はげ》ますものでした。

「いったいどういうことだろう。このタイミングで、なぜ、私にメッセージを下さるのだろう……」

自分は辞めようと申し出たが、それは違っていたのかもしれない――。そんなことも考えました。そして、「高橋先生がそうおっしゃるなら」と、小松さんは、もう1度、志を立て直そうとしたのです。

それからというもの、彼女は、毎日そのメッセージを心に抱《いだ》いて、病院での仕事を続けました。

そんな小松さんの様子を気遣《きづか》ってくれた看護師長は、彼女に今後の提案をします。

「辞《や》めるのではなく、転科したらどうか――」

小松さんも、その勧《すす》めに従って、退職ではなく異動という選択《せんたく》をすることにしたのです。

この選択がその後の人生に決定的な影響《えいきょう》を与《あた》えることになることを、当時の小松さんは、まだ知るよしもありませんでした。

コロナとの遭遇《そうぐう》

小松さんの異動先は、感染症科《かんせんしょうか》を含《ふく》む一般内科病棟《びょうとう》。2019年2月のことでした。その1年後、小松さんは、「コロナ」と出会うことになります。

新型コロナ感染症が日本に入ってきた当初、大きく報道されたダイヤモンド・プリンセス号の事件を覚えている方も少なくないでしょう。日本から世界周遊《しゅうゆう》に出航《しゅっこう》したダイヤモンド・プリンセス号は、香港《ほんこん》に向かう途中《とちゅう》、船内で新型コロナに感染する人が出て、船は香港に接岸できず、日本に戻ってくることになりました。狭《せま》い船内で感染が広がり、数百人規模《きぼ》で感染者が報告され、少なからぬ死者が出ました。公海上《こうかいじょう》での発症ですが、日本から出航したことで報道が燃え上がったのです。

2月になったある日、師長から、「クルーズ船に乗っていた高齢《こうれい》の女性と、アメリカ国籍《こくせき》の姉妹2人を受け入れることになりました」と通達があり、病棟に緊張《きんちょう》が走りました。

加えて、「これから、ここはCOVID《コビッド》病棟になります」。

凛《りん》とした言葉が響《ひび》きました。日本中が騒然《そうぜん》としていた中での師長の宣言——対岸の火事だった新型コロナ感染症が、突然、自分事になった瞬間《しゅんかん》でした。

当時の状況《じょうきょう》は、今とは違《ちが》います。コロナという新しい感染症は、死を運んでくる得体《えたい》の知れない悪魔のような存在。多くの人たちは、コロナに対してそんな印象を抱《いだ》いていたのではないでしょうか。

一瞬、辺《あた》りが静まり、凍《こお》りついたようになりました。

すると、小さな叫《さけ》び声と同時に、人が倒《たお》れる音がしました。

恐怖のあまり、若い看護師3人がその場で卒倒《そっとう》してしまったのです。

感染症について、もっとも客観的な情報を得やすい医療《いりょう》機関でさえ、そうした状況でした。「これは大変なことになる」という予感。「恐ろしいものが来てしまった」という恐怖。病院の関係者はみな、そんな気持ちでした。

小松さんの大学病院は、全国でもっとも多くの新型コロナ感染症患者を受け入れた病院の1つです。小松さんは、異動によって突然、コロナとの闘《たたか》いの最前線に立たされることになったのです。

さらに、当時の病棟は、この災厄《さいやく》を受け入れる十分な体制ができていたとは決して言えない状況でした。少し前に多くのベテラン看護師が辞めて、残されたのは、数人の先《せん》輩《ぱい》と1年前に異動してきた自分、あとは新人ばかりだったのです。

小松さんは、まず、自分に向き合い、「覚悟《かくご》しよう」と言い聞かせました。

感染させてはいけないということで、ご主人とは別の場所に住居を移し、そこから病院に通《かよ》うことにしました。

覚悟はしたものの、それでも最初は、泣きながら仕事に向かうような状態だったのです。

想像を超える過酷《かこく》な闘《たたか》い

コロナ病棟《びょうとう》に残って看護に尽《つ》くすのか、それとも自らのはたらきを別の場所に求めるのか。

「判断は皆さんに任《まか》せます。辞《や》めてもかまいません」

病棟のスタッフたちは、師長からそう言われていました。それほど、当時の状況《じょうきょう》は、緊迫《きんぱく》したものだったのです。

コロナ病棟のスタッフ全員が、それぞれ親や家族に報告しました。すると、「帰ってこい」「病院を辞めなさい」と言われる人もいました。

しかし、辞めるスタッフは1人もいませんでした。全員がコロナとの闘いを選択《せんたく》したのです。

そしてそれは、この病院に限らず、全国の医療施設《いりょうしせつ》で起こっていたことだと思います。医療者の皆さんは、同じ尊い気持ちで事態に向かってくださった。だからこそ、未曾有《みぞう》の危機の中でも、わが国の医療体制は守られることになったのです。

先に記《しる》したように、この病棟は、少し前にベテラン看護師が数多く抜《ぬ》けたばかりで、残るベテランはわずか数名。あとは小松さんと若い看護師だけでした。

当然、若い看護師には任《まか》せられず、最初は、ベテランのスタッフ数人で担当することになりました。

コロナ感染症《かんせんしょう》との闘いは、尋常《じんじょう》なものではありませんでした。

何よりも当初、それは未知のウイルスで、いったいどんな性質で、どんな振《ふ》る舞《ま》いをするのか、どれほどの毒性をもっているのか、何もわかっていなかったのです。

小松さんたちは、完全フルPPE《ピーピーイー》（個人防護服）で、患者さんに接しなければなりません。

しかも、小松さんたちのはたらきは、通常の看護にとどまりませんでした。

感染防止を優先し、病院をシャットアウトしたために、様々な業者や患者さんのご家族が病院に入れなくなり、そのことによって、通常は看護師の仕事ではない洗濯《せんたく》、トイレ掃除《そうじ》、ゴミの回収、買い物、患者さんの身の周りの整えなど、膨大《ぼうだい》な業務が要請《ようせい》されることになったのです。

それらの中には、防護服を装着《そうちゃく》しながらの作業も含《ふく》まれます。どれほど不自由だったでしょうか。特に夏、防護服を着たときの暑さは言語《げんご》を絶《ぜっ》するものがありました。心が折れそうになり、何度も「もう無理だ」と思いました。

しかも、そこまでしながら、誰《だれ》に認められるわけでも褒《ほ》められるわけでもありません。彼女たちがお世話する患者さんたちからも、感謝されるばかりではなかったのです。

中には、長い時間ICU《アイシーユー》にいる中で、せん妄《もう》状態に陥《おちい》り、徘徊《はいかい》する患者さんもいました。酸素マスクを外《はず》したり、自分で抜《ぬ》いたりしてしまう。それに対応しようとすると、暴言《ぼうげん》を吐《は》かれたり、殴《なぐ》られたり、ときには噛《か》まれたりすることもありました。

このとき、小松さんたちは、ありとあらゆる困難と苦難が押し寄せてくるように感じたのではないでしょうか。

人生のX《エックス》とY《ワイ》

その中で、実は、小松さんの歩みを支えていた1つの人間観・世界観があったのです。

私たちの人生には、無数の出会いや出来事が訪れます。そこには、「楽しいこと・うれしいこと・得をすること」と「苦しいこと・悲しいこと・損をすること」があります。

前者をX、後者をYとするなら、人生は、このXとYから成り立っていると言えます。

外側からやってくるXとYを受けとめ、自分の内側に引き入れて、想い・考えを生み出し、新たな行動として再び外側に現し続けてゆくのが私たちの人生です。つまり、XとYをどう感じ・受けとめ（入力）、どう考え・行為（出力）してゆくかが人生を決定するのです。

私たちは、「できれば、自分のところにはXだけがやってきてほしい」と思いがちです。つまり、人生からYを取り除き、Xで満たすことが幸せであり、それが人生の良《よ》し悪《あ》しを決めると多くの人が思っています。

「そう思うのは当然ではないか」と思われるかもしれません。

しかし、そうであれば、私たちは、Xがやってくれば舞《ま》い上がり、Yがやってくれば落《お》ち込《こ》むというアップダウン――「快苦の振動《しんどう》」に呑《の》み込まれてゆくことになります。

あなた自身も、あなたの周囲にいる人たちも、どれほどこの快苦の振動にエネルギーを奪《うば》われてきたことでしょうか。

少し振り返れば、誰《だれ》もが思い当たることでしょう。多くの人が、日々のエネルギーの大半をそのことに費《つい》やしていると言っても過言《かごん》ではないのです。

快苦の振動《しんどう》が事態を深刻化する

今日《こんにち》、人々は、ごく自然に意識することもなく、唯物的《ゆいぶつてき》な人間観・世界観を抱《いだ》いています。その中では、X《エックス》がやってくれば舞《ま》い上がり、Y《ワイ》がやってくると落ち込むというアップダウン、快苦の振動を避《さ》けることはできません。

なぜなら、唯物的な人間観・世界観では、ものごとは、基本的に「偶然《ぐうぜん》・たまたま」自分のところにやってきたものに過ぎないからです。

Yの現実がやってくれば、それは、運悪く、たまたま私たちのところに降りかかってきたもの。私たちの心には不満や怒り、不安や恐怖、絶望、苛立《いらだ》ちなど、様々な負《ふ》の想いがあふれます。

たとえば、「何でこんな目に遭《あ》わなければならないのか」「もう無理だ。どうしようもない」。往々《おうおう》にして、「こんなことになったのは、××のせいだ」と、「他人《ひと》のせい、社会のせい、運命のせい」にしてしまいがちです。

そう受けとめた瞬間《しゅんかん》、私たちは、これまでのやり方をゴリ押しして、何とかやり過ごそうとします。しかし、考えてみてください。それまでのやり方では解決することができないから、その問題はそこにあり続けているのです。

私たちは、正しい道を選択《せんたく》することができず、結果として、Yを増殖《ぞうしょく》させてしまい、にっちもさっちもいかなくなる。1つだった問題が2つ3つになり、どうすることもできなくなってしまう。事態はフリーズしてしまうのです。

コロナ禍《か》は、Yの中でもとりわけ大きなY、「ビッグY」と呼ぶほかないものです。このビッグYに対して、私たちが快苦の振動を起こし、負の感情に呑《の》み込まれてしまったら……。まさに、どうにもならない現実を生み出してしまうはずです。

それが実際に起こったのが、2020年に始まったコロナパンデミックだったのではないでしょうか。外側の世界の混乱と私たちの内側の混乱が相《あい》まって、増幅《ぞうふく》し合っていたのです。

コロナ禍の現実に直面した小松さんも、最初はYが増殖する混乱の中にあったと言っても過言《かごん》ではありません。

「人生＝X《エックス》×Y《ワイ》」という方程式

私たちは、このような快苦の振動《しんどう》の中で生きるほかないのでしょうか。人生のビッグYとも言うべきコロナ禍《か》の中で、Yを増殖《ぞうしょく》させてしまうのは仕方《しかた》がないのでしょうか。

$$人生 = X \times Y$$

X：楽しいこと・うれしいこと・得をすること

Y：苦しいこと・悲しいこと・損をすること

もちろん、そうではありません。その転換をもたらすのが、「人生＝X×Y」という人生の方程式です。

「人生＝X×Y」は、「人生はXとYの両方で成り立っている」ということを示しています。「人生＝X＋Y」ではありません。つまり、Xだけの人生もなければ、Yだけの人生もない。Yがゼロなら、人生もゼロになってしまう。その両方を経験することによって初めて、人生の醍醐味《だいごみ》を味わうことができるのです。

確かに、私たちは、Yと出会うことによって、様々な打撃《だげき》や停滞《ていたい》を経験します。失意や圧迫に苛《さいな》まれることになるかもしれません。しかし、人生全体の眺《なが》めからみれば、Yを経験することによる打撃よりも、Yを経験しないマイナスの方がはるかに大きいのです。

この方程式がかけ算になっていることは、それだけ1つ1つの出来事が人生全体と密接につながり、1つが人生を左右することも起こり得ることを示しているのです。

この方程式は、「魂の学」の考え方に基づいたものです。

「魂の学」は、人間を永遠の生命を抱《いだ》く「魂の存在」と受けとめる人間観・世界観と、そこから生まれる新たな生き方の総体を示しています。

科学が物質的な次元、見えるものだけを扱《あつか》うのに対して、物質的な次元とそれを超える次元、見える次元も見えない次元も含《ふく》めた全体を扱うのが「魂の学」です。

人間の本質は、物質を超えるエネルギーである「魂」の存在です。肉体には寿命《じゅみょう》があり、死を迎《むか》えるとその役割を終えます。しかし、それで一切《いっさい》がなくなってしまうわけではないのです。

魂にとっては、死は終焉《しゅうえん》ではなく、1つの節目《ふしめ》でしかないからです。魂は、死を超えて生き続け、現象界《げんしょうかい》（この世）と実在界《じつざいかい》（あの世）という2つの世界を往《ゆ》き来《き》しながら、永遠の進化の道のりを歩んでいるのです。

内側にあるものが外に現象化し、外なる現実が内に影響《えいきょう》を与《あた》える——。人生は、魂にとって貴重な経験の場であり、自らを錬磨《れんま》し、成長と進化を促《うなが》す修行の場となります。

1つ1つの出会いや出来事は、「偶然《ぐうぜん》・たまたま」私たちの許《もと》にやってきたのではありません。それらは、必然があって、理由があって、意味があって、私たちのところにやってきたのです。

このような魂の感覚を呼び起こし、魂の重心を抱くとき、私たちは、たとえ一見、ネガティブな事態であっても、「この出会い、この出来事は、私に何を呼びかけているの

2つの世界との交流

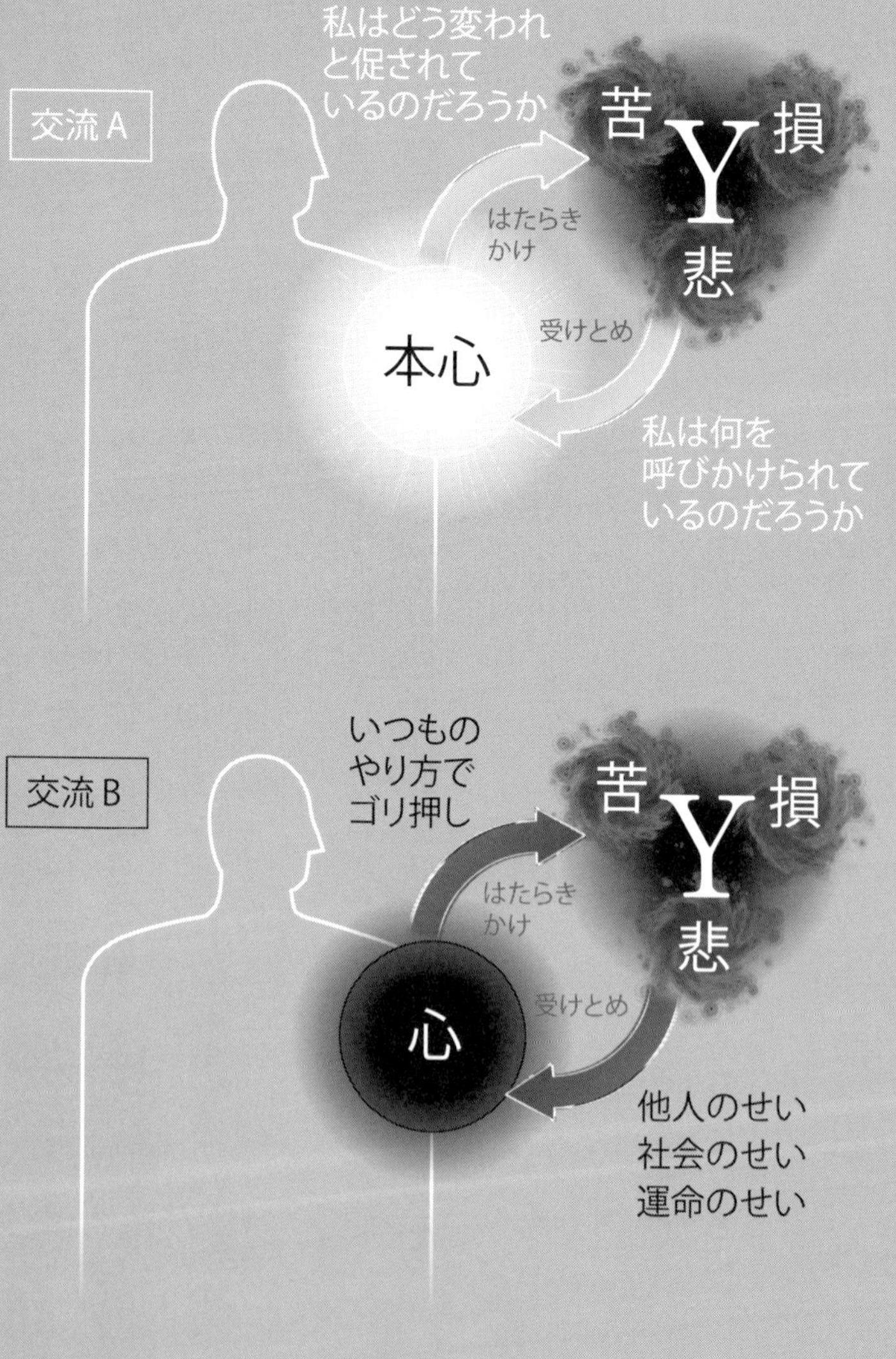
交流 A
私はどう変われ
と促されて
いるのだろうか
苦
Y
損
悲
はたらき
かけ
受けとめ
本心
私は何を
呼びかけられて
いるのだろうか
交流 B
いつもの
やり方で
ゴリ押し
苦
Y
損
悲
はたらき
かけ
受けとめ
心
他人のせい
社会のせい
運命のせい

図 1

だろうか」と受けとめることができるようになります。そして、「私はどう変わることができるのだろう」と新たな生き方へと踏《ふ》み出すことができるのです。

これは、先に述べた「他人のせい、社会のせい、運命のせい」という受けとめ方、「いつものやり方でゴリ押し」というはたらきかけ方とはまったく異なります。

ここでは、呼びかけを聴く前者を世界との「交流A」、何かのせいにしてしまう後者を世界との「交流B」と呼ぶことにしましょう（図1）。

交流Aと交流Bのどちらを選ぶかによって、私たちの未来はまったく変わってしまうのです。

忍土《にんど》の自覚と魂の重心

コロナ禍《か》に入ってから、私たちを取り巻く状況《じょうきょう》は、苦しいこと・悲しいこと・損をすることばかりで、その密度もかなり高くなりました。そこでは、あらゆる困難や試練が押し寄せ、小松さんたちにも、人生のY《ワイ》が立て続けに降りかかってきたのです。

かつてこの病院に転職した後、退職を考えた苦しいときと今を比べて、「どちらが大変だったか」と問われるなら、小松さんはどう答えるでしょうか。

もちろん、「コロナ禍の方が比べものにならないほど大変だった」と答えるに違《ちが》いありません。

転職当初に向かい合った人生のY。そして、コロナ禍の中で現れた人生のY。後者のYの方が圧倒的《あっとうてき》な重さをもっているにもかかわらず、なぜ小松さんは、たじろぐことなく、そのYを引き受けることができたのでしょうか。

そのきっかけは、「忍土の自覚」の深まりでした。

「魂の学」では、私たちが生きている世界を「忍土」と呼んでいます。

「忍土」は、もともと仏教の言葉で、「堪《た》え忍《しの》ばなければならない場所」をさします。「忍」という字は、心の上に刃《やいば》を置きます。心が動けば傷つき、血を流さざるを得ない。忍土とは、そうした痛みが生じるのが当たり前の世界であり、さらには、何が起こるかわからない、何が起こっても不思議《ふしぎ》はない世界です。

この世界に生きる以上、私たちは、様々な試練や困難に襲《おそ》われます。どんなに注意深くしていても、それを避《さ》けることはできないのです。

重要なことは、「この世は忍土である」という自覚です。その忍土の自覚が深まるほど、どんな試練がやってこようと、いたずらに動揺《どうよう》することはなくなり、それを受けとめる

ことができるようになるのです。

小松さんは、毎日、多くの困難に向き合う中で、忍土の自覚を深めてゆきました。「試練や問題がやってくるのは当たり前。大切なのはそれにどう応《こた》えるか」――その感覚を育てていったのです。

そしてその中で、「人生＝X《エックス》×Y《ワイ》」の方程式を支える、魂としての人間観・世界観に全幅《ぜんぷく》の信頼を置いて、魂の感覚、魂の重心を生み出してゆくことになりました。

次から次にYが押し寄せてくる中でも、「この出来事にはきっと必然があり、理由があり、意味があるのだ」と受けとめ、その事態に向き合いながら、「私はどう変わることができるのか」と問い続けてゆきました。まさに「交流A」を身につけてゆくことになったのです。

新たな生き方――励《はげ》ましの交換《こうかん》

未知のウイルスとの闘《たたか》い。その最前線にいたのは、間違《まちが》いなく医療者《いりょうしゃ》の方々です。

いったい、どれほどの圧迫《あっぱく》と重圧が彼らを襲《おそ》っていたのでしょうか。その心労は計《はか》りしれないものでした。

小松さんの病棟《びょうとう》がコロナ病棟になることを告げた師長さんは、スタッフに「今後のことは自ら決断してほしい」と伝えました。

しかし、結局、辞《や》める人は1人もいませんでした。

日夜、感染《かんせん》のリスクに直面し、底知れない不安を抱《かか》えながら、多くの患者さんと向き合い、その生命を守ろうと奮闘《ふんとう》し続けていた医療者たち――。その終わりの見えない日々の中で、小松さんは、必死でミッションに応《こた》え続けながら、世界との「交流A」を始めたのです。

小松さんは、「自分が仲間たちに何かできないだろうか」と考えました。この事態から「私は何を呼びかけられているのだろう」。そう受けとめたのです。

働いている仲間の姿をスマホで撮影《さつえい》し、「励まし動画」として分かち合うことはできないだろうか。第1波、第2波と感染が広がるたびに動画を作成し、それを共有することで、チームの士気《しき》を高めることができるのではないか――。

小松さんに、動画作成の経験があったわけではありません。初めての作業でした。いわば「四十《しじゅう》の手習《てなら》い」の挑戦《ちょうせん》です。それは、小松さんにとって、「私はどう変わることができるのか」の実践《じっせん》にほかなりませんでした。

マスコミは、一方的に、病院の惨状《さんじょう》を過剰《かじょう》に報道しています。それを見て、スタッフの家族はますます不安になりました。

しかし、小松さんたちがつくった動画は、どれほど大変でも、スタッフが明るく働いている病院の現実を伝えることになったのです。

当初は、コロナ病棟の仕事に反対していた家族たちも安心し、逆に応援《おうえん》してくれるようになりました。

その動画は、病院の理事、看護部長、医師、薬剤師など、多くの人たちに共有され、次の映像を楽しみにしてくれる人も出てきます。そういう中で、スタッフの間でも、お互《たが》いにメッセージを送り、励まし合うことが生まれました。

看護師だけではなく、何日も自宅に帰れない医師たちを励ましたり、逆に医師からも励まされたりすることになります。

また、患者さんを励ます企画も考えました。

たとえば、2020年のクリスマスのこと。看護師の皆さんがトナカイの衣装《いしょう》をまとって病室を回りました。すると、患者さんたちからも、励ましや感謝のメッセージが食《しょく》札《さつ》（患者1人ひとりの食事トレイにセットされた紙。食事内容などが記載《きさい》されている）

に書かれるようになりました。

気がつくと、最初は不安と不満でいっぱいだった皆さんが、元気にいきいきと働き、笑顔で仕事をするようになり、場の空気がどんどん変わっていったのです。

人生を取り戻すための智慧《ちえ》

これが、2つの世界との交流のあり方――「交流A」と「交流B」の違いです（図1）。

もし小松さんが、これらの困難を前にして、「他人《ひと》のせい、社会のせい、運命のせい」と受けとめ、「いつものやり方でゴリ押し」という交流Bで生きていたら、どうなっていたでしょう。

きっと、どんなに頑張《がんば》っても事態は光転《こうてん》せず、人間関係はギスギスし、小さな衝突《しょうとつ》の繰《く》り返しで、不満や理不尽《りふじん》さが蔓延《まんえん》していたのではないでしょうか。

そうではなく、皆がいきいきと働く温かな場が生まれたのは、小松さんが魂の重心を確かにして、「これは何を呼びかけているのだろうか」「私はどう変わることができるのか」と、世界との交流Aを重ねた結果なのです。

小松さんの歩みから私たちが学ぶべき智慧――。それは、人生を取り戻すためには、

「人生＝X《エックス》×Y《ワイ》」という世界の実相《じっそう》を受けとめ、新しい世界との交流、すなわち交流Aを始めることにあるということなのです。

人間の尊厳《そんげん》を受けとめる

「人生＝X《エックス》×Y《ワイ》」という生き方を深め、Yという苦境や苦難に直面しても、魂の重心を確かにして、世界との交流Aを重ねてゆく。その歩みを続ける中で、小松さんは、看護師であることを超えて、人間存在を丸ごと受けとめる生き方へと導かれていったのです。

2020年の秋、80歳過ぎの老婦人が病棟《びょうとう》に入院してきました。銀座で友人たちとお茶をして、コロナに感染《かんせん》。「あれほど注意喚起《かんき》されているのに、何でそんな行動をとったのだろう」。病棟がもっとも混乱していたときのことでもあり、小松さんは、同情の気持ちと同時に、その人を責《せ》めるような気持ちさえ抱《いだ》きました。

そこには、「もうこんなつらい現実を見たくない」という気持ちもあったでしょう。ほかのスタッフの方々も、同じ気持ちだったに違《ちが》いありません。

老婦人の病状は次第《しだい》に悪化し、自発呼吸ができなくなり、話すこともできなくなりま

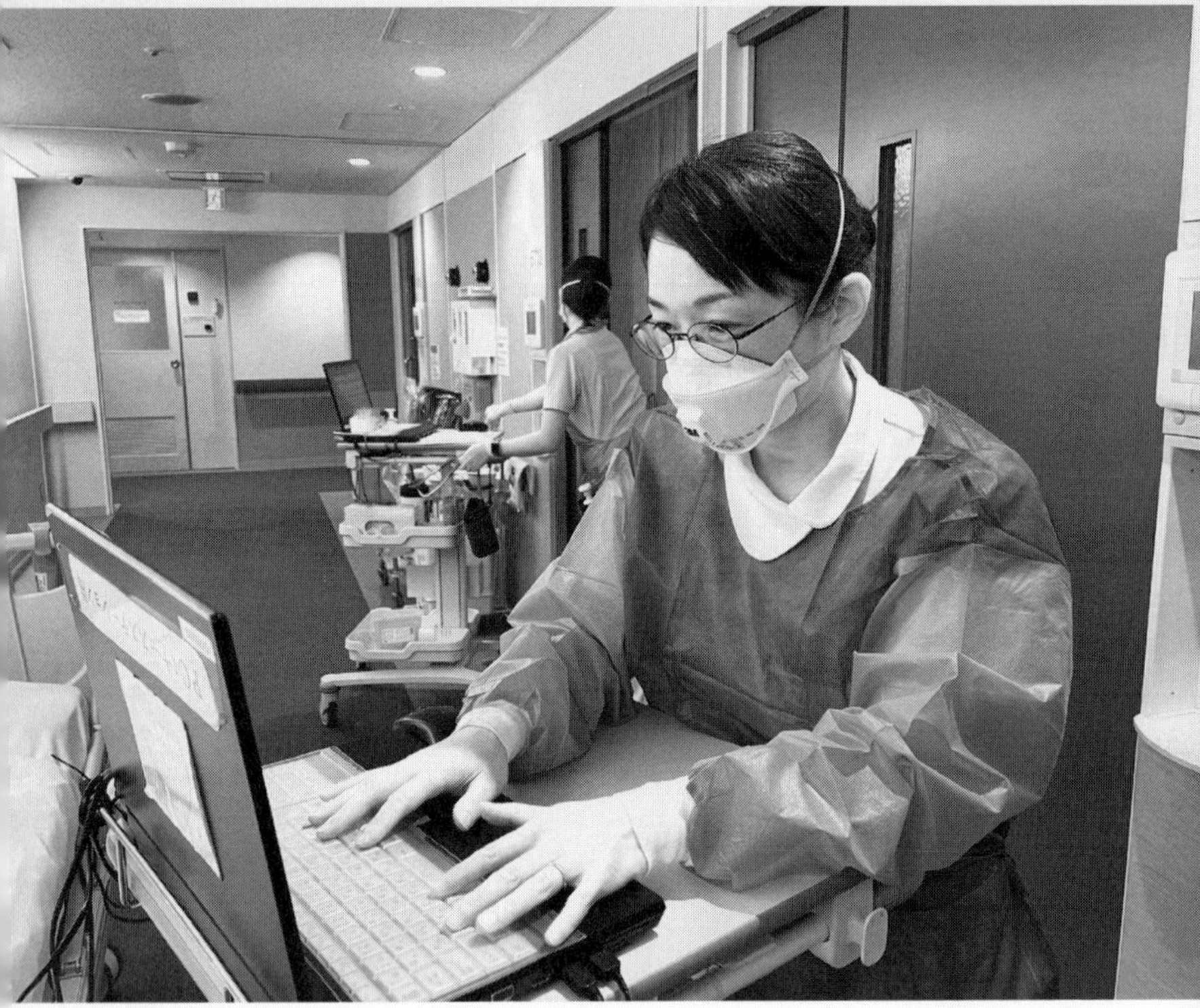

日本中が騒然となったダイヤモンド・プリンセス号からのコロナ陽性患者の受け入れに始まり、大学病院コロナ病棟の最前線で闘い続けた小松さん。ありとあらゆる困難が押し寄せる医療現場で、スタッフへの励まし動画の配信を始め、その小さな光は、やがてコロナ病棟全体に広がり、患者さんたちにも希望をもたらしていった。

した。しかし、不思議《ふしぎ》なことに、言葉は交《か》わさずとも、吸痰《きゅうたん》や身体の清拭《せいしき》をする中で、気持ちが通《かよ》い合うようになりました。苦しそうにしているおばあちゃんの痰を静かに吸《きゅう》引《いん》してあげると、「ありがとう」と応《こた》えてくれるように感じる。身体を拭《ふ》いてあげても、「気持ちがいい」と返事をしてくれているように感じたのです。

そんな状態が、数週間続きました。言葉を超えた次元での心と心の交流。その中で、おばあちゃんは、看護師たちに見守られながら、安らかに亡くなっていったのです。

小松さんたちの心には、不思議な気持ちが訪《おとず》れました。

「亡くなられたことは悲しいけれど、おばあちゃんは頑張《がんば》った。あっぱれ、大往生《だいおうじょう》」

スタッフ全員が、何とも言えない気持ちになりました。

まだコロナ禍《か》1年目の当時、感染者には大きな制約が課せられ、火葬場《かそうば》へ搬送《はんそう》されるときも見送る身内はいません。でも、病院のスタッフが家族のようにおばあちゃんを送り出しました。

「この方は、私たちのおばあちゃんです。一生懸命《いっしょうけんめい》、精いっぱい生きました。だから、どうかよろしくお願いします」

そう言って、葬儀社《そうぎしゃ》の人たちにお願いし、見送ることができたのです。

人間を魂と見るということは、最初は、意識して努力しなければできません。しかし、何度もそうしようと努めるうちに、次第《しだい》にその人間観・世界観が心深くに浸透《しんとう》してゆくと、そうとしか思えない、そうとしか感じられない境地に結晶化《けっしょうか》してゆくものです。

境地とは、経験や修行を積み重ねる中から生まれる、智慧《ちえ》と一体になった心の状態のことを言います。

小松さんたちの「この方は、私たちのおばあちゃんです」という言葉は、まさにその結晶化した境地の現れだったのではないでしょうか。

1つ目の忍土《にんど》――東日本大震災の経験

小松さんは、コロナ禍《か》の中で、忍土の現実と向かい合い、その忍土をどう生きればよいのか、道を求め、実践《じっせん》を重ねてきました。

世界を波立たせ、人々を翻弄《ほんろう》する出来事に遭《あ》っても、人間は決して無力な存在ではない。圧倒的《あっとうてき》な負《ふ》の力の流れの中でも、1人ひとりにできることがある。負の流れを転換することさえできる。小松さんは、共にコロナと闘《たたか》う仲間を励《はげ》ましたいと思い、仲間たちの動画を送って、励ましの循環《じゅんかん》を起こしました。

目の前のコロナが増幅《ぞうふく》した闇《やみ》の空気を吸い込んで、自らの中で浄化《じょうか》し、小さくても本物の新たな光を放《はな》つことができることを実証《じっしょう》したと言えるのではないでしょうか。

しかし、小松さんは、最初からそのような生き方ができたわけではありません。

それどころか、「神様は、なぜ助けてくださらないのか」という想いさえ抱《いだ》いていたのが小松さんでした。10年ほど前、小松さんが向き合った1つ目の忍土においては、本当になす術《すべ》なく、事態の過酷《かこく》さに呑《の》み込《こ》まれていたのです。

それは、2011年3月11日の東日本大震災――。地震発生当時、岩手県の病院に勤務していた小松さんは、車の運転中でした。まっすぐ走っているはずなのに、車が直進しない。「おかしいな」と思い、すぐ道路脇に車を停《と》めました。「何か大変なことが起きたのでは……」という気持ちでした。巨大地震であることがわかり、小松さんは、多くの方の安否《あんぴ》確認に奔走《ほんそう》することになります。

見慣れたいつもの風景が、どこにもない。すべてが破壊《はかい》され、瓦礫《がれき》の山となり、殺伐《さつばつ》とした景色《けしき》に変貌《へんぼう》していました。粉々《こなごな》に砕《くだ》けた家々。飴《あめ》のように曲がった鉄骨。生臭《なまぐさ》い臭《にお》いとともに、夜になると、街灯1つない暗黒が訪《おとず》れ、辺《あた》り一帯が一層、禍々《まがまが》しい気配《けはい》に包まれました。

被災地に入った小松さんは、その尋常《じんじょう》ではない気配に圧倒《あっとう》され、大変な恐怖に襲《おそ》われたと言います。「何かが襲ってくるのではないか」というような気持ちになり、1人でトイレにも行けないほどでした。

遺体安置所《いたいあんちじょ》を訪れると、その惨状《さんじょう》に胸を深くえぐられました。正視《せいし》することもできないほど損傷《そんしょう》の激しいご遺体の数々――。

「何の罪もない人たちが、どうしてこんなひどい最期を迎《むか》えなければならないのか」

「どうしてこんな悲しみと苦しみを味わわなければならないのか」

その気持ちが心に重くのしかかり、どうすることもできない無力感と虚無感《きょむかん》に苛《さいな》まれていたのです。

2つ目の忍土《にんど》――コロナ禍《か》を生きる

そんな小松さんにとって、コロナは2つ目の巨大な忍土の現実でした。

震災から10年、気がついたら、また同じ忍土の現実に直面したということです。

2011年のとき、小松さんにとって、大いなる存在は「沈黙《ちんもく》する神」でしかありませんでした。

その惨状《さんじょう》に接した小松さんは、絶望と取り返しのつかない消耗《しょうもう》を抱《かか》えていました。しかし、それから10年が経《た》った2022年、小松さんはそれとはまったく異なる感覚と心情を抱《いだ》いていたのです。

忍土の現実は、人々の生命を脅《おびや》かし、あらゆる活動を止《と》めてしまう。でも、その忍土にも光は射《さ》している。過酷《かこく》な現実を生きる人々の中から、小さくても本物の新たな光が生まれている——。

それを見守り、支えている大いなる存在は、もはや「沈黙する神」ではないのです。コロナ禍《か》にあって、感染《かんせん》を防止するために、ご遺体《いたい》を白い袋に入れる。それは、まさに震災のときと同じような光景でした。

当時、そのようなご遺体をたくさん見たことを思い出しました。どうしてこんなつらい亡くなり方をしなければならないのか——。そんな気持ちにもなりました。

しかし、事態の受けとめ方は、かつてとはまったく変わっていたのです。

そこにあるのは、常に人々を見守り、寄り添《そ》う大いなる存在、私たちを根底で支え続けるサムシング・グレートです。

たとえば、先に紹介した80代の老婦人の最期を看取《みと》ったとき、小松さんが、なぜあのような気持ちになれたのかと言えば、それまでの人生の歩みを通じて、小松さんにとっては、「神様はその人が1番つらいとき、その方の横に寄り添っていらっしゃる。その方の最期を必ず受けとめてくださっている――」。そうとしか思えないほど、その確信が深まっていたからなのです。

人間の使命を生きる――人生を貫《つらぬ》く必然・理由・意味

コロナの感染拡大《かんせんかくだい》の中で、小松さんは、コロナ患者の対応に、生活と人生のすべてを捧《ささ》げてきたと言ってもよいでしょう。

この世界には、一切のものを古びさせ、錆《さ》びつかせ、崩壊《ほうかい》へと至《いた》らしめる「崩壊の定《さだめ》」というものがあります。その流れが、暗転の様相を一層厳《きび》しくします。しかし、人間は、その暗転する圧倒的《あっとうてき》な流れに呑《の》み込まれ、押し流されてしまうだけの存在ではありません。

耐《た》えることだけでも大変な状況《じょうきょう》にあっても、共にコロナと闘《たたか》う仲間たちにエールの動画を送り、励《はげ》ましの循環《じゅんかん》を起こしたように、暗転の現実を自分に吸い込んで浄化《じょうか》し、光を生み出すことができる。闇《やみ》を光に、暗転の現実を光転の現実に転換《てんかん》できるのが人間で

人間の使命

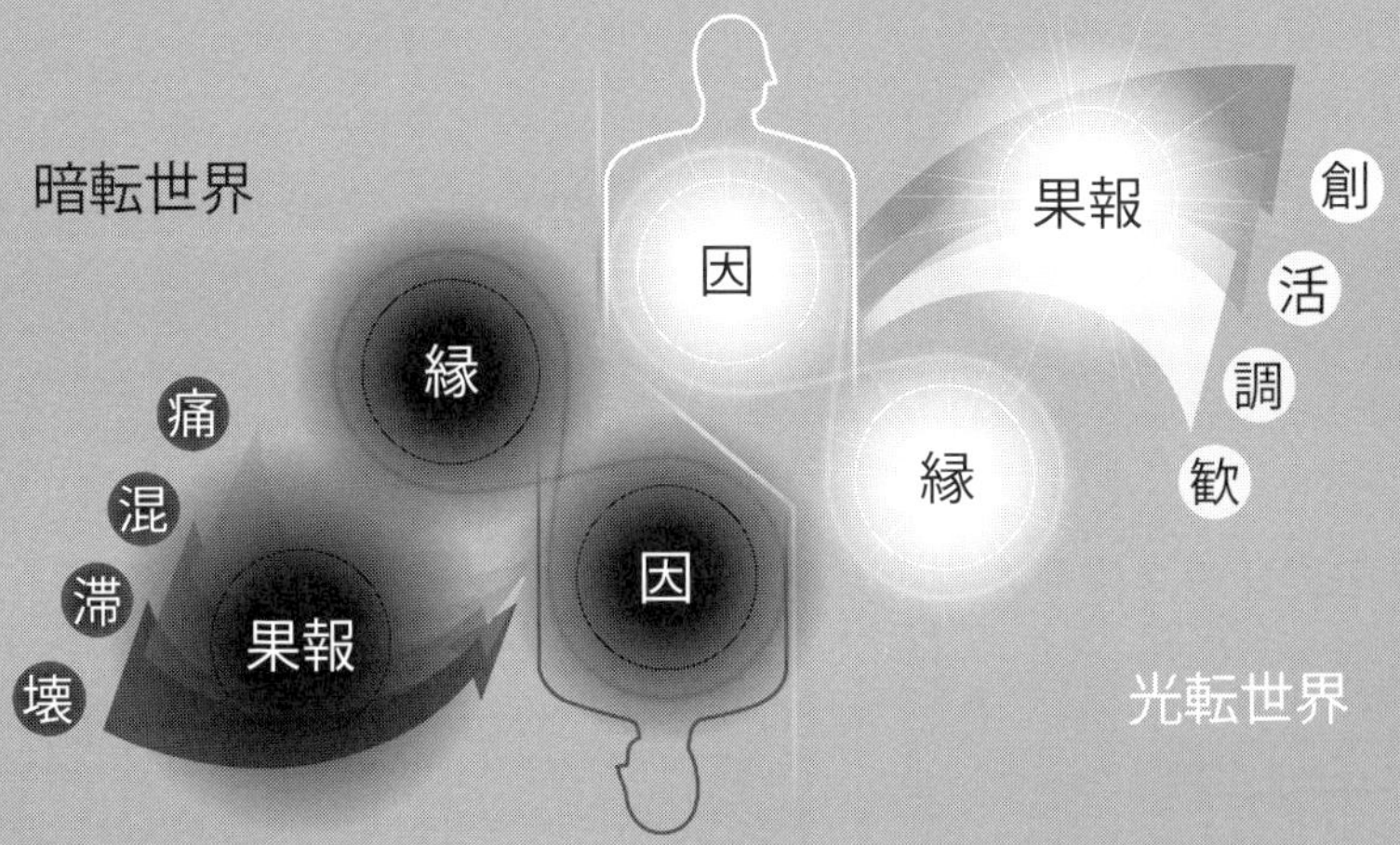

図 2

あり、それがすべての人に共通の使命と言うべきものなのです（図2）。

痛みに出会えば、それを癒《い》やして歓びに転換しようとする。混乱の現実に出会えば、そこに調和をもたらそうとする。停滞《ていたい》の現実があれば、それを活性させようとする。そして、破壊《はかい》の現実があれば、それをとどめて新たな現実を創造しようとする。

それは、圧倒的な暗転の流れに比べれば、小さな光かもしれません。

けれども、その小さな光は、必ず響《ひび》き合う力を起こしてゆきます。

それが、忍土《にんど》の現実を転換する確かな道なのです。

その道は、決して私個人の考えやアイデアにとどまるものではありません。これまで私が伴走《ばんそう》させていただいた、何千という人生に生まれた光の事実から導き出された1つの結論なのです。

小松さんの病院では、医療者《いりょうしゃ》の皆さんの献身的《けんしんてき》な歩みによって、2021年10月1日、新型コロナウイルス感染症《かんせんしょう》の入院患者がゼロになりました。それまでの約2年間、800名を超える患者さんを引き受けましたが、病棟《びょうとう》の看護師の感染はゼロでした。

そして、ついに10月27日、コロナ病棟は修繕《しゅうぜん》のため一旦《いったん》解散。入院患者が数人にまで減ったためでした。

コロナ病棟の始まりと終わりの両方を体験した小松さん――。

病棟解散のとき、その心に不思議《ふしぎ》な気持ちが訪れます。

張りつめていた緊張《きんちょう》がようやく和《やわ》らぎ、落ち着きを取り戻したと同時に、これまでの日々が走馬灯《そうまとう》のように蘇《よみがえ》りました。

出会った1人ひとりの患者さんたち。奇跡《きせき》的に助かった方もいれば、残念ながら亡くなった方もいる。苦しむ様子。回復したときの安堵《あんど》の表情。無言の旅立ち。退院の日、「これまでありがとう」という感謝の言葉と笑顔……。

すると、ずっと抑《おさ》えていた感情が一挙《いっきょ》にあふれてきたのです。

うれしいやら悲しいやら、誇《ほこ》らしいやら寂《さび》しいやら、とても言葉で表すことのできない特別な感情が小松さんの心を満たしたのです。


東日本大震災と、コロナ感染症の拡大は、2000年以降、日本人が経験した最大級の2つの忍土だったことに異論を挟《はさ》む人はいないでしょう。

10年前のあの日、被災地の悲惨《ひさん》な光景は、弱々しい少女のようだった小松さんの目にどのように映ったでしょうか。なぜ、小松さんは、その惨状《さんじょう》を目にしなければならなかったのでしょうか。

その後、東京に転任した小松さんは、CCU《シーシーユー》での勤務の大変さを理由に辞職を考えました。しかし、なぜあのとき、小松さんは辞職を踏《ふ》みとどまることになったのでしょうか。

その結果、小松さんは、第2の忍土を経験します。なぜ、小松さんは、2回にわたって、日本最大級の2つの忍土の中に投げ込まれたのでしょうか。

それは、「偶然《ぐうぜん》・たまたま」だった――。

ここまでの小松さんの人生の物語に触《ふ》れた皆さんは、そう言って突き放すことができるでしょうか。

私には、小松さんが、その選択《せんたく》をして人生の歩みを重ねてきた理由は、この人生でどうしても体験しなければならないことがあったからだとしか思えないのです。彼女は、そのために、その場所にとどまらなければならなかったということです。

小松さんは、「偶然・たまたま」、2つの忍土に出会ったわけではありません。

そして、「偶然・たまたま」、これらの患者さんたちと出会ったわけでもありません。

私がここで生きる理由がある。

私がこの方々と出会う意味がある。

そして、小松さんには、２つの忍土を経験する必然があったのです。

これらの試練は、小松さんの内側に新たな境地を運んできただけではありません。

時代・社会の中で、小松さんが果たすべきミッション、人生の使命をもたらしてくれたのです。

そしてそれは、小松さんだけではありません。

私たちは誰《だれ》もが、「必然」「理由」「意味」を抱《いだ》いて、この世界を生きています。

人は皆、そのように世界に応《こた》える力を抱いているのです。

第2章 「親ガチャ」から取り戻す

「こんな親の下《もと》に生まれたから、こんな人生になってしまった」
「自分だって、幸せな家庭に生まれていれば、今ごろは……」
不幸の理由を親ガチャという運命に押し付け、
自らの人生に対する否定的な感情に苛《さいな》まれている人は、
決して少なくない。
しかし、親ガチャという考えに脅《おびや》かされ続ける人生から、
人は、本当の人生を取り戻してゆくことができる。
それは、父、母を自分と同じ1人の人間、1つの魂として
受けとめるところから始まる。

親ガチャ——当たりの親か、外《はず》れの親か

2021年、「親ガチャ」という言葉が流行語大賞に選ばれたことを覚えていらっしゃるでしょうか。

「ガチャ」とは、コインを入れてダイヤルを回すと、おもちゃ入りのカプセルが出てくるマシンのことです。ガチャは、どんなおもちゃが出てくるのかわからない。言うならば、当たり外れのあるものです。

同じように、親もガチャで与《あた》えられるようなもの。親によって、子に多大な違《ちが》いがもたらされるのは否定できない事実でしょう。

経済的条件、教育環境、居住環境、そして何よりも、遺伝的《いでんてき》条件——。どんな親の下《もと》に生まれてくるかによって、子どもの人生は大きく変わってしまう。

当たりの親か、外れの親か。人生とは、結局、親ガチャなのではないのか。親ガチャという言葉には、そんな恨《うら》めしい想いが込《こ》められています。

そして、この親ガチャという人間観・世界観の中で、自らの人生を手放《てばな》してしまう人も、少なくないのではないでしょうか。

「こんな親の下に生まれたから、こんな人生になってしまった」

「自分だって、あの人のような幸せな家庭に生まれていれば、もっと良い人生になっていたのに」

人生を手放すというほど大袈裟《おおげさ》でなくても、こういった気持ちの中で、自分の人生に対する否定的な感情に苛《さいな》まれている人は、決して少なくないでしょう。

不都合《ふつごう》なことが起こると、自分の家庭環境の不運をもち出して、すぐにでも、うまくいかない言い訳を思いついてしまい、そこから一歩も進めない――。

あなたの周りにも、いつもそんな気持ちを抱《かか》えている人はいないでしょうか。

蛙《かえる》の子は蛙

「蛙の子は蛙」。昔からよく知られているこの諺《ことわざ》は、非凡な才能があるように見える子どもでも、大人になってゆくにつれて、親と同じように平凡になるという意味です。

親が平凡なら子どもも平凡。鳶《とんび》が鷹《たか》を生むようなことはない。「親が自分自身をわきまえ、子どもにあまり多くの期待はしないように」と戒《いまし》める言葉というわけですが、見方を変えれば、子どもの未来は、実は、親がその鍵《かぎ》を握《にぎ》っていることを示しているのではないでしょうか。

そして近年、人生における両親の影響《えいきょう》はますます大きなものと考えられるようになっているのです。なぜなら、両親の存在は、これまでに触《ふ》れてきた「育ち」＝「環境」だけでなく、「生まれ」＝「遺伝《いでん》」の決定的な条件となっているからです。

日本語の「生まれ」は、通常、生まれた場所、家柄《いえがら》をさす言葉ですが、ここでは、「生まれもった資質」をその中心に置きます。

体格や容姿《ようし》はもちろん、芸術的才能やスポーツなどの運動能力が、親から子どもに遺伝することはよく知られています。

ところが、行動遺伝学の研究によれば、遺伝によって親から子に伝わるのは、それらだけではなく、知能や性格、コミュニケーション能力までも含《ふく》まれるというのです。

つまり、私たちが普段使っている感覚や能力も、みな遺伝に左右されるもの――。その遺伝子をもたらす両親の影響の大きさは、いくら強調してもし過ぎることはないほどです。

実力も運のうち

米国には、アメリカンドリームという考え方があります。

生まれた環境は貧しくても、本人の努力と頑張《がんば》り次第《しだい》で、成功を得ることができる——。自由の国アメリカは、そうした夢を実現できる場所であり、個人の努力や頑張りを何よりも大切にしてきました。その結果、広く浸透《しんとう》したのが能力主義と言えます。

生まれた家柄《いえがら》や出自《しゅつじ》に関係なく、能力と実力がある者が評価され、認められる。かつてアメリカでは、エリートの2世が優先され、大学入試でも、就職活動でも、さらには仕事においても、生まれによる不平等が蔓延《まんえん》していたと言われています。その呪縛《じゅばく》から人々を解き放《はな》ったのが、1人ひとりの能力と努力を認める能力主義、実力主義であり、だからこそ、それらが何よりも大切にされてきました。

つまり、能力主義、実力主義こそが、誰《だれ》にも分け隔《へだ》てのない平等なチャンスを与《あた》える社会を実現する鍵《かぎ》だと考えられていたのです。

しかし、近年の社会学の研究によって、それは私たちの思い込みに過ぎないことが明らかになりつつあります。

『実力も運のうち』の著者、ハーバード大学マイケル・サンデル教授は、様々なデータによって、「実力が運に大きく左右される」ことを示しています。

人間が自ら開拓《かいたく》し、錬磨《れんま》してきたと思っている学力や能力が、実は、生まれ育ちに大

「世帯収入（税込年収）」と学力の関係

	小6					中3				
	国語A	国語B	算数A	算数B	%	国語A	国語B	数学A	数学B	%
200万円未満	67.3	48.5	69.7	35.6	5.0	70.2	61.9	51.2	38.0	5.8
200万円〜300万円	69.6	50.7	72.0	38.9	6.7	71.8	64.5	54.9	40.3	7.4
300万円〜400万円	70.6	52.2	73.5	39.8	10.1	74.0	67.8	58.4	42.7	10.1
400万円〜500万円	73.2	55.3	76.7	42.7	12.2	75.6	70.0	61.2	45.0	11.7
500万円〜600万円	74.7	56.7	78.5	44.9	13.2	77.4	71.9	64.0	47.0	12.4
600万円〜700万円	75.5	58.2	79.1	46.5	11.8	78.8	74.4	67.0	49.6	11.6
700万円〜800万円	76.7	60.2	81.0	48.2	9.8	79.5	75.1	68.7	51.3	10.5
800万円〜900万円	77.8	61.5	82.6	50.4	6.7	81.1	76.8	71.2	53.5	6.9
900万円〜1000万円	79.0	62.4	84.2	52.1	5.5	80.5	76.4	71.2	53.5	5.7
1000万円〜1200万円	80.5	65.5	85.9	56.3	6.3	82.4	78.9	74.3	56.2	6.2
1200万円〜1500万円	81.4	66.6	87.1	57.1	2.9	82.8	79.6	74.4	57.5	2.8
1500万円以上	82.3	66.7	87.4	58.9	2.3	82.5	78.8	73.9	56.8	1.9
不明	74.1	56.3	77.7	45.3	7.6	75.8	70.3	62.5	46.1	7.2

「父親の最終学歴」と学力の関係

	小6					中3				
	国語A	国語B	算数A	算数B	%	国語A	国語B	数学A	数学B	%
小学校・中学校	65.5	46.8	67.4	34.8	5.1	67.9	60.7	50.2	36.9	5.3
高等学校・高等専修学校	72.0	53.3	75.2	41.1	34.5	74.8	68.8	60.4	44.1	37.7
短期大学・高等専門学校・専門学校	74.8	57.1	78.7	45.0	15.1	77.7	72.8	65.5	48.2	14.4
大学	80.0	64.6	85.1	53.9	30.2	83.5	79.9	74.6	56.5	27.1
大学院	83.8	70.4	90.1	62.7	4.0	86.8	83.7	81.0	63.9	2.7
その他	73.0	52.9	76.9	42.7	0.2	75.1	71.4	61.6	45.2	0.2
不明	70.3	51.6	72.1	39.4	10.8	72.7	65.6	55.7	41.3	12.6

「母親の最終学歴」と学力の関係

	小6					中3				
	国語A	国語B	算数A	算数B	%	国語A	国語B	数学A	数学B	%
小学校・中学校	62.9	43.0	64.0	31.4	3.9	65.7	57.1	45.5	33.5	3.7
高等学校・高等専修学校	71.4	52.5	74.0	40.5	34.6	73.9	67.9	59.1	43.3	40.7
短期大学・高等専門学校・専門学校	76.2	59.2	80.5	47.1	40.6	79.6	75.0	68.3	50.6	39.7
大学	81.8	67.2	87.6	58.0	16.4	85.5	82.2	77.7	60.0	11.8
大学院	82.9	70.1	89.5	63.0	0.9	86.7	83.5	80.0	63.5	0.5
その他	71.7	56.5	71.7	43.7	0.1	67.5	62.1	52.2	38.9	0.2
不明	70.6	52.6	70.6	41.1	3.4	72.9	66.3	56.6	41.7	3.4

平成29年度「保護者に対する調査の結果と学力等との関係の専門的な分析に関する調査研究」（お茶の水女子大学）より

きな影響《えいきょう》を受けている。どんな家に生まれたのか、どんな経済的環境の下《もと》に育ったのかによって、引き出される実力や能力は大きく変わってしまう。つまり、「実力も運のうち」なのだということです。

わが国でも、同じような研究報告があります。

お茶の水女子大学が平成29年度にまとめた「保護者に対する調査の結果と学力等との関係の専門的な分析に関する調査研究」の中の３つの表（75ページ）には、両親の学歴が上がれば上がるほど、また世帯収入が上がれば上がるほど、子どもの学力がおおむね高くなるという一目瞭然《いちもくりょうぜん》の相関性《そうかんせい》が現れています（公立小・中学校約２０００校、その保護者約13万８０００人を対象に平成29年5月に行われた調査。点数は、１００点満点中の成績の平均点。％はその階層《かいそう》の全体に対する割合）。

本人は、自分の努力で成績を上げ、学力をつけてきたと思っていても、両親の高い学歴や経済力が、すでに本人の学力に大きなアドバンテージを与えていたということです。

これもまた、私たちにとって、両親の影響がいかに決定的かという証拠《しょうこ》です。

では、決して望まない親をもってしまったら……。何も与えるものがない、愛情すら与えられない親の下に生まれてしまったら、あきらめるほかないのでしょうか。

そんな生《お》い立ちから、本当の人生を取り戻すことはできるのでしょうか。

福祉《ふくし》美容師という仕事

その問いかけに、人生をかけて応《こた》えた方をご紹介しましょう。

現在、福祉美容師の仕事をされている早川高代《はやかわたかよ》さんです。

福祉美容師とは、主に、福祉施設や自宅で療養中《りょうようちゅう》の方の所へ出かけて行き、散髪《さんぱつ》やお化粧《けしょう》など、美容のお手伝いをする仕事です。ベッドから起き上がれない方、1人では身動きができず、ずっと天井《てんじょう》を見つめているような方も対象となります。

そんな方たちに美容師さんなんて、必要なのだろうか——。

そう思われる方もいらっしゃるかもしれません。

でも、そうではないのです。身動きもできない方の所へ赴《おもむ》いて、髪型やお化粧を整え、「きれいになりましたよ」とお話しすると、多くの方が涙を流して歓《よろこ》ばれます。

認知症《にんちしょう》となり、車いすに座《すわ》ってずっと下を向いているような方でも、髪をカットし、お化粧をしてさしあげる。鏡に映る自分の姿を見ると、ポーズをとって写真を撮《と》られる。

「きれいになりたい」は、その人が生きている証《あかし》にほかなりません。

一見、外見を整えるだけに見えるヘアカットやお化粧によって、相手の方の心に深い癒《い》やしが生まれるのです。多くのことができなくなってしまった方が、自分の中に生《せい》の輝《かがや》きを感じることができる。自分が生きていることの歓びを取り戻す——。

そして皆、その生の輝きを見出《みいだ》してくれる人を求めているのです。それに応える早川さんのお仕事は、それだけ、関わる方々への愛情に満ちているということでしょう。

しかし、早川さんの人生を知れば知るほど、そのことに不思議《ふしぎ》を覚えずにはいられません。なぜなら、早川さんの人生は、決して愛情に恵《めぐ》まれたものではなかったからです。

そして、福祉美容師という仕事——。

福祉と美容は、ある意味で似ても似つかない、対極《たいきょく》にある仕事と言ってもよいものです。それは、異質なものを結びつけ、新たな価値を生み出す創造に等しい営《いとな》み——。

それをやり遂《と》げる強い必然を自分の中から引き出すこと自体、特別なことです。ただ何となくはできない。魂の力としか言いようのないものです。魂の力があればこそ、様々なハンデを負《お》った方々に対する愛情に満ちた仕事が生まれたのです。

では、早川さんは、その魂の力をどのように引き出していったのでしょうか。

恵《めぐ》まれぬ生《お》い立ち

早川さんの生い立ちには、その始まりから暗い影が射《さ》しています。母親が早川さんを産んですぐに離婚したこともあって、早川さんには父親の記憶がまったくありません。

しばらくの間、祖父母に預けられていた早川さんでしたが、その後、母親が再婚すると、再び一緒《いっしょ》に暮らすようになります。

しかしそれは、早川さんにとって、望ましい家族関係ではありませんでした。

「再び、母と暮らすようになったのですが、母も義理の父も水商売を営《いとな》んでいて、とても私のことを考えられるような状況《じょうきょう》ではなかったんです」

まだ幼かった早川さんは、夜、家に1人で帰りを待っていなければなりませんでした。よく隣《となり》の家に遊びに行きましたが、そこは子どもが虐待《ぎゃくたい》を受けているような家でした。

母親が再婚し、引っ越しをした頃《ころ》のことです。

早川さんは、まだ見知らぬ土地で、近所の子どもたちと一緒に遊んでいました。冬の寒い日、氷が張っていたドブでスケートごっこをしていたのですが、何かの拍子《ひょうし》に氷が割れて、一緒に遊んでいた子の1人がドブに落ちてしまうという事件が起こったのです。

子どもたちは泣き出します。駆《か》けつけてきたお母さんたちが怒ります。責《せ》められると思って不安になったのかもしれません。ある子が突然、早川さんをさして「このお姉ちゃんが突き落としたんだ」と訴《うった》えたのです。

早川さんの母親もやってきました。どんなに「自分はそんなことをしていない」と言っても、母親は「とにかく謝《あやま》りなさい」の一点張《いってんば》り。世間《せけん》の目を恐れていたのです。

また、小学校5年生のときの悲しい思い出――。

家に友だちを呼んで、早川さんの誕生日会をすることになりました。「今日はきっと、お母さんも仕事を休んで一緒にいてくれる」。早川さんは、勇気を出して、「今日は一緒にいて」と母親に懇願《こんがん》しました。しかし、その想いは受け入れられず、夕方になると、母親は仕事に出かけていったのです。

「私の誕生日なのに……。お母さんは、私の言うことを1回も聞いてはくれない」

天国から突き落とされたような気持ちでした。

その事件があって、しばらくした頃《ころ》のこと。学校から帰ると、家の周りに近所の人が集まっています。義理の父親のところに行くと、母親が病院に運ばれたと言われました。病院に行くと、母親は、ベッドの上で茫然《ぼうぜん》と目を開いたまま天井《てんじょう》を見つめています。自殺《さつ》末遂《みすい》をして病院に担《かつ》ぎ込まれたのでした。

「この母親は、いったい何をしているのか――」

そう嘆《なげ》かざるを得ませんでした。

早川さんの生い立ちには、愛されたという体験が欠落しています。早川さんがどんなに求めても、その想いに応《こた》えてはもらえない。父親という存在は最初から存在せず、様々な事情があったとしても、母親は愛情深い人ではなかったように思います。

早川さんは、愛されるという体験も実感もなく、人としての生き方を教えられることもなく、自力で人生を築《きず》かなければなりませんでした。

魂が背負《せお》う人生の条件――3つの「ち」

このような生《お》い立ちの軌跡《きせき》が、早川さんの人生にどのような影響《えいきょう》をもたらしているのか――。それは、言葉には言い表すことができないほど、大きなものです。

プロローグと第1章で、本書では私たち人間が魂の存在であることを基《もとい》として、人生を取り戻す道を探求してゆくと言及《げんきゅう》しました。ここで、早川さんの人生の歩みをたどる前に、その生い立ちの意味について、「魂の学」のまなざしで捉《とら》えてみましょう。

「魂の学」の人間観・世界観

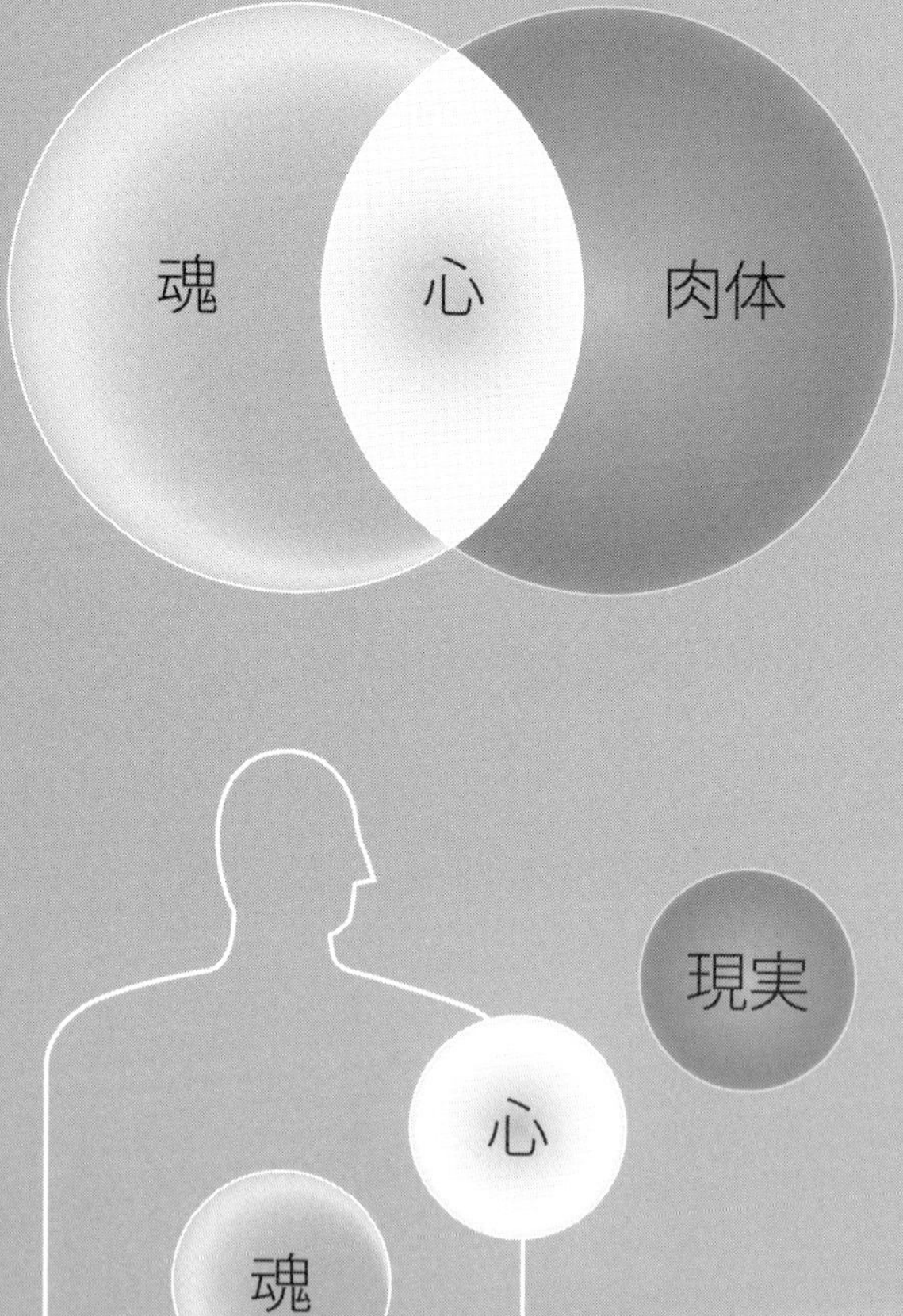

図 3

3つの「ち」

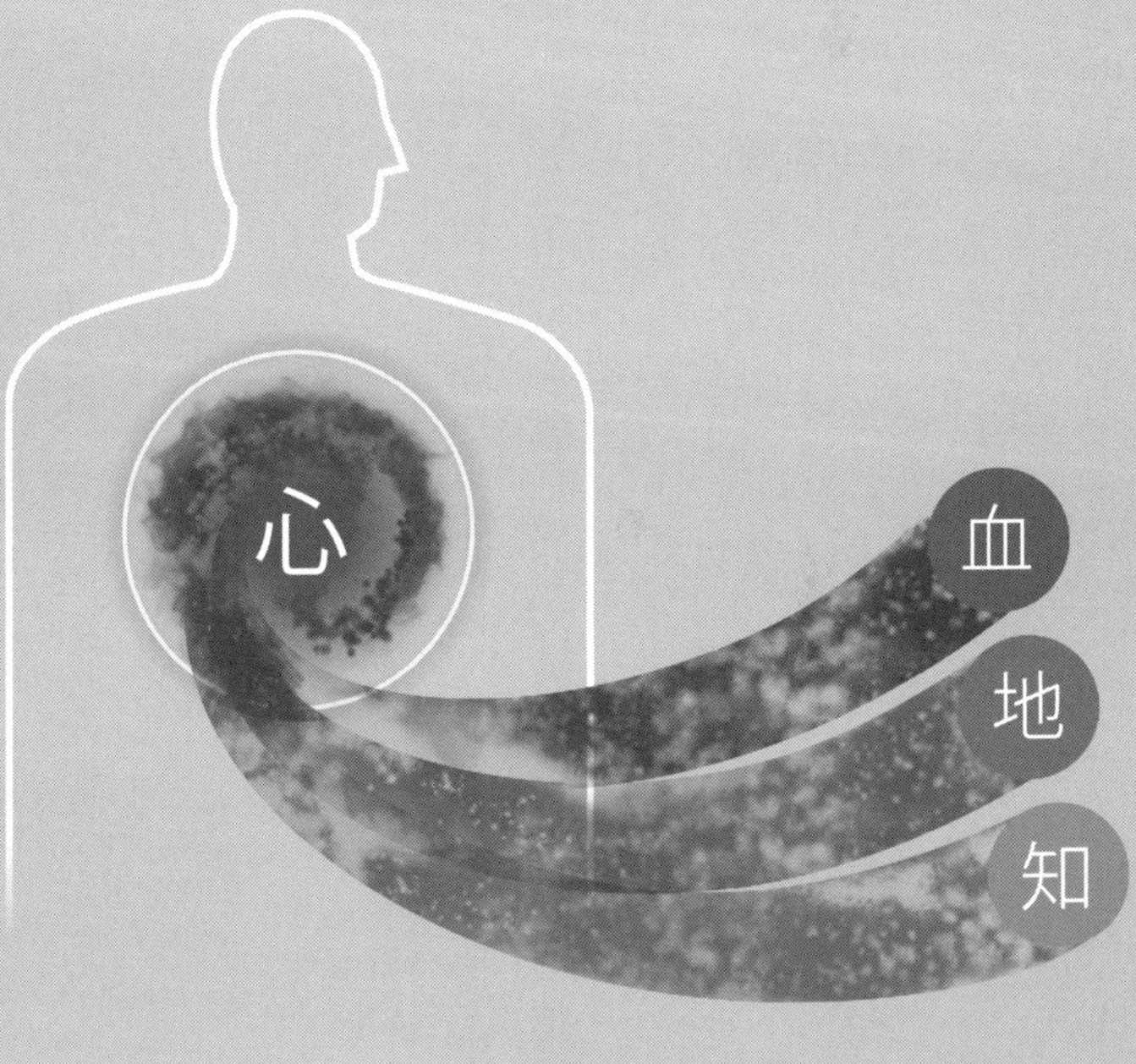

血 ： 両親・家族から流れ込む価値観や生き方

地 ： 地域・業界から流れ込む前提や慣習

知 ： 時代から流れ込む常識や価値観

図 4

私たちの本質は、光と闇《やみ》を抱《いだ》いた魂というエネルギー。光とは、魂が永遠の時をかけて果たそうとする「魂願《こんがん》」。闇とは、その魂願を阻《はば》む魂の歪《ゆが》み、「カルマ」です。

魂は、地上に生まれることによって肉体と出会い、心をつくります。その心を中心に、私たちは、魂・心・現実の3つの次元で人生を営《いとな》んでゆきます（図3）。そのとき、その心をつくる人生の条件があるのです。

それを「魂の学」では、3つの「ち」（血・地・知）と呼んでいます（図4）。

3つの「ち」とは、両親や家族から流れ込《こ》んでくる価値観や生き方（血）、住んでいる地域や身を置いている業界から流れ込む前提や慣習（地）、時代から流れ込んでくる様々な常識や価値観（知）をさします。

人はみな、この3つの「ち」を引き受ける中で、自分の心を形づくってゆきます。魂の内にある光と闇も、3つの「ち」によって引き出されてゆくのです。

そして、多くの場合、3つの「ち」によって、光よりも闇の傾向《けいこう》がより強く引き出されてしまうのです。

早川さんの人生の始まりを振り返るなら、その3つの「ち」の中で、「血」――両親との愛情に欠けた関わり、そこでつくられる不安定な人間観・世界観が決定的な影響を与《あた》えたことは明らかです。

美容師修業時代――問題だらけの始まり

その後、美容専門学校を卒業した早川さんは、美容師として仕事を始めます。しかし、当時の早川さんは、3つの「ち」の影響《えいきょう》をそのまま受けたような不安定な状態でした。

19歳のとき、新装開店したお店の店長に抜擢《ばってき》されます。

10人以上のスタッフの中でもっとも若く、美容師としての技術も決して十分ではありませんでした。しかし、その自覚はあっても、「努力して店長にふさわしい人になろう」とは考えませんでした。むしろ、あまり勉強しない美容師さんだったのです。

たとえば、あるとき、お客さんからクレームの手紙が届いたことがあります。

「接客態度が悪い。技術も下手《へた》だ」

それでも、当時の早川さんは、「まあ、そういうことを言う人もいるだろう」。そんな受けとめ方しかできなかったのです。職業意識も未熟な状態でした。

結局、勤めるお店も長続きせず、次々と変わってゆきます。それも、特別な理由があったわけではありません。「朝起きられなくて遅刻《ちこく》し、行きづらくなったからもう辞《や》めよう」。そんなこともありました。

「なるようになれ――。どうせ、人生なんてどうにもならない」

そんな、どこか投げやりで卑屈《ひくつ》な気持ちが渦巻《うずま》いていたはずです。

結局、6回もの転職を繰《く》り返すことになりました。当時は、地に足もつかず、目標もなく、あっちへフラフラ、こっちへフラフラといった毎日を過ごしていたのです。

不幸の連鎖《れんさ》の時代

早川さんの不幸は続きます。

仕事を始めてしばらく経《た》った頃《ころ》のことです。母親がサラ金で借金をし、夜になると取り立てがやってくるようになりました。

早川さんは、夜、家にいるのが嫌《いや》で、居酒屋でアルバイトをするようになり、そこで1人の男性と知り合いました。その人はサラ金の店長であることがわかり、ふと、「母親の借金のことを相談してみようかな」と思います。相談すると、何と相手の店に話をつけて問題を解決してくれたのです。取り立ては止まることになりました。

「窮地《きゅうち》に追い込まれていた私を助けてくれた。この人は頼《たよ》りになる大人の人」

その人に対する印象が大きく変わり、好意をもちました。

「これで幸せになれるかもしれない」

やがて早川さんは、この男性と結婚することになったのです。

しかし、それでも早川さんの不幸は変わることなく続きました。

実は、母親の借金を処理したお金のために、この男性が会社から現金を横領《おうりょう》していたことが発覚したのです。しかも、本籍《ほんせき》を3回も変えて過去を偽《いつわ》っていた詐欺師《さぎし》でした。

人生で初めて「この人なら」と、心から信じた人の裏切り。しかし、それでも早川さんにとっては、「母の借金を処理してくれた人」。見捨てることはできませんでした。それは、この男性を信じているというより、曲がりなりにも恩《おん》のある人間を見捨てるわけにはいかないという自分自身の生き方の問題でした。

男性が背負った借金を一緒《いっしょ》に返済するつもりで、とにかく働きに働きました。そして、ようやく借金を返済し終わった後、無理がたたって身体を壊《こわ》し、ひどい喘息《ぜんそく》を発症《はっしょう》してしまったのです。

何ということでしょう。それなのに、そこまで健気《けなげ》に尽《つ》くした早川さんに対して、夫は「あんまり、寄りかからんといて」。そう言い放《はな》ったのです。

その言葉を聞いて、早川さんは離婚を決意――。

その後、美容師として結婚式場でブライダルの仕事をするようになります。

懸命《けんめい》に取り組んだ結果、クレオ主催・メイクアップ東海大会優勝（1996年）、全日本婚礼協会・全国大会花嫁着付け最優秀賞（1999年）など、いくつもの受賞を果《は》たし、実力を認《みと》められるようになりました。

しかし、心中《しんちゅう》は複雑でした。

結婚は、他人同士が一緒になって1つの家庭をつくってゆくもの。それは幸せの象徴《しょうちょう》です。しかし、「自分は、育った家庭はゴチャゴチャ、結婚も失敗。ずっと不幸な人生を生きてきた。そんな自分がブライダルの仕事なんて……資格があるのかしら？」

そんな卑屈《ひくつ》とも投げやりとも取れる想いをもったこともあったのです。

早川さんのここまでは、不幸の連鎖としか言いようがない、困難の連《つら》なりでした。

そして、その不幸の連鎖は、あの両親の下《もと》に生まれたところから始まっています。そこから、人生のボタンの掛《か》け違《ちが》いが生まれたのです。

もし、早川さんが、すべてを偶然《ぐうぜん》で片づけてしまう唯物的《ゆいぶつてき》人間観・世界観の中に居続けたら、自分の不幸の理由を親ガチャという運命に押しつけていても、何の不思議《ふしぎ》もなかったでしょう。親を憎《にく》み、恨《うら》んで人生を棒《ぼう》に振ってしまうことだってあり得たはずです。それが、親ガチャによって人生喪失《そうしつ》の危機に直面するということだったのです。

「魂の学」との出会い

そんな早川さんが「魂の学」と出会うきっかけは、何十年も通《かよ》っていた整体クリニックでの出来事でした。

ある日、待合室で本棚《ほんだな》を見ていると、『あなたが生まれてきた理由《わけ》』という本が目に留《と》まります。

「これって、私にも生まれてきた理由があるってこと?」

そう心の中でつぶやいた次の瞬間《しゅんかん》、思わず「この本、貸してください」と、申し出ていました。「生まれてきた理由」というのは、早川さんが新たな人生の一歩を踏《ふ》み出すためのキーワードだったのだと思います。

拙著《せっちょ》『あなたが生まれてきた理由』に書かれていたのは、「魂の学」の人生観です。

どんな人も偶然《ぐうぜん》に生まれてきたのではなく、その人生で出会うべきこと、果《は》たすべきことがあって生まれてくる。人は永遠の時を生きる魂の存在であり、新たな経験をする

ために今の人生を生きている。1人ひとりの魂には、忘れることができない願いがあり、その願いを知って歩むとき、人生の本当の物語が紡《つむ》がれてゆく——。

その人間観に触《ふ》れる中で、きっと早川さんはこう自問したでしょう。

「私の人生は、運悪くこうなったのではないの?」

「こんな私にも何か果たすべきことがあるの?」

「私の魂も忘れることのできない願いを抱《いだ》いているの?」

そして、1度そう考えると、そこから見える人生を求めずにはいられなくなったのです。「魂の学」は、間違《まちが》いなく、早川さんに新たな人間観・世界観をもたらし、新しい人生の開き方を与《あた》え、新たな早川さんの人生の牽引力《けんいんりょく》となりました。

早川さんの前半生は、愛情に不足し、関わりにも欠けた生《お》い立ちから始まりました。求めても応《こた》えてくれなかった両親という条件から流れ出した不幸の奔流《ほんりゅう》でした。

なぜ、そのような人生を背負わなければならなかったのか。

それを知るには、「魂の学」のまなざしが必要でした。

今日《こんにち》の常識となっている唯物的人間観・世界観からすれば、出会いも出来事も、そんな人生の条件が与えられたことも、すべては「偶然・たまたま」。だからひどい不運でしかない。

しかし、魂という次元に目が開かれるなら、偶然の出来事はないのです。

そこには、何らかの大いなる意図が隠されている――。私たちの人生の条件は、そうした意図の下《もと》に設計されているものなのです。

なぜ、福祉《ふくし》美容師だったのか――緻密《ちみつ》に設計された人生の条件

先に触《ふ》れたように、**私たちは皆、魂の内に「魂願《こんがん》」と「カルマ」という光と闇《やみ》のエネルギーを抱《いだ》いています。**

すべての魂は、その光と闇の2つのエネルギーを心の深奥《しんおう》に抱《かか》えながら、闇から光への道――すなわち、闇を浄化《じょうか》し、光を育ててゆく道を歩んでいるのです。

そして、この闇から光への道を歩む力を最大化するために、人生は緻密に設計されているということです。

なぜ、この人生の条件が与《あた》えられたのか。

なぜ、この母親、この父親だったのか。

なぜ、この出来事がもたらされたのか。

すべては、それらを通じて自らの闇を浄化し、光を引き出すためです。自分の周囲にある闇を自分に吸い込んでそれを浄化し、光として世界に返すためです。

そして、その歩みによって、魂に刻まれた願いを果《は》たすためです。

どんな人生の条件でも、それを引き受けることによって、1人ひとりが果たすことができる役割があり、獲得《かくとく》すべき智慧《ちえ》と境地があります。

それは、言葉を換《か》えれば、**私たちは、誰《だれ》もが内なる魂の進化を願って、自分の人生を設計して生まれてくるということです。**

早川さんは、「魂の学」を学び、実践《じっせん》する日々を重ねる中で、自分が魂としてこの世界を生きている実感を深めてゆきました。自ら自身が世界と深くつながり、人生は「偶《ぐう》然《ぜん》・たまたま」によって成り立つものではないことを確かめてゆきました。それは、この人生で自分が果たす役割、使命があることを見出《みいだ》してゆくことでもあったのです。

そのように、自分と人生を信じられる準備が整ったとき、早川さんは大きな節目《ふしめ》を迎《むか》えます。

福祉美容師の発端《ほったん》――。それは、エステで高齢のお客様の施術《せじゅつ》をする中で、介護《かいご》の専門技術の必要性を感じたことでした。そこから、ヘルパーの資格を取り、福祉美容師という仕事を始めました。

でもそれは、自分の技術と想いを通じて、本当に歓《よろこ》び、輝《かがや》くことを望んでいる人たちの願いを叶《かな》えるという、早川さんの魂の願いにつながる一歩にほかなりませんでした。

早川さんは、福祉美容のお店を「ルルド」と名づけています。「ルルド」とは、フランスにある聖地ルルドの泉に由来《ゆらい》しています。それは、癒《い》やしの奇跡《きせき》を起こす泉――。

ここには、早川さんが福祉美容師という仕事を通して何をしたいのかという願いが表れています。

本章の冒頭で、福祉と美容という一見対極にあるものを1つに結びつけるには、それだけの魂の力が必要だと言いました。

早川さんは、福祉と美容を1つに結びつけ、もっとも癒やしを必要としていた方々のもとに生きる希望を届けるだけの魂の力を、自らの人生を歩む中で引き出してきたということなのです。

そして、まさにそれを環《わ》にして完成させるために、早川さんは、不幸に次ぐ不幸の人生の発端であり、象徴《しょうちょう》とも言える父親との再会に導かれることになったのです。

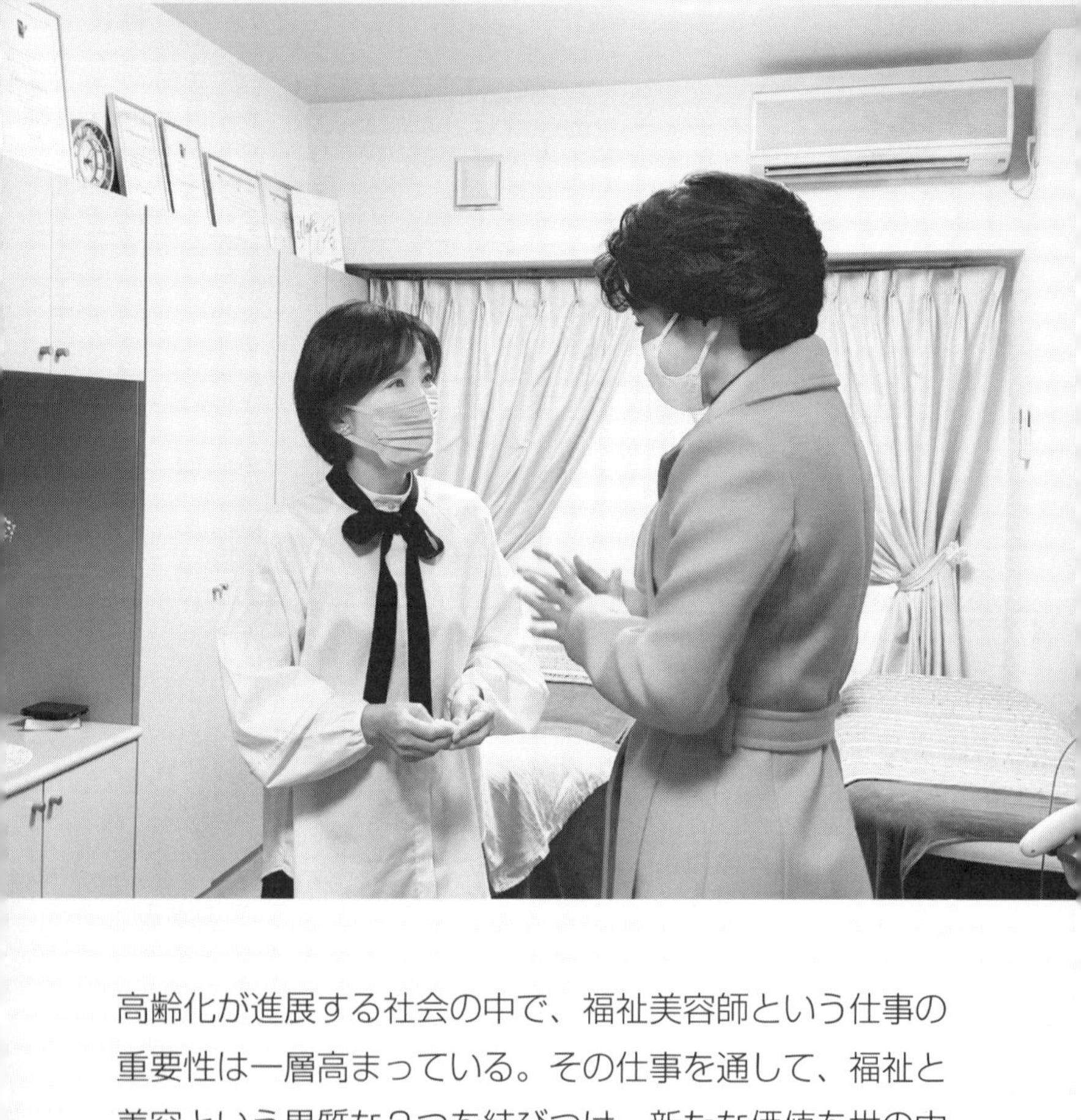

高齢化が進展する社会の中で、福祉美容師という仕事の重要性は一層高まっている。その仕事を通して、福祉と美容という異質な２つを結びつけ、新たな価値を世の中に生み出している早川さん。その歩みを可能にしたのは、恵まれぬ生い立ちと不幸が連鎖する人生の中で、自らの内から引き出した魂の力だった。

魂の力を引き出す歩み――父親との再会

早川さんに幾多《いくた》の苦しみをもたらした人生の始まりをたどってゆくと、顔も知らない父親に行き着くと言っても過言《かごん》ではありません。

早川さんにとって、父親はもはや存在しない人になっていました。実際、幼い頃《ころ》は、「お父さんは死んだ」と聞かされていたのです。母親が父親のことを話したことは1度もありませんでした。

中学生になった早川さんは、近所のおばさんから、「あなたのお父さんは、本当は生きている」。そう告げられました。その後、1度だけ、会いに行ったことがあります。父親は、和歌山市で生活保護を受けて暮らしていました。それ以降、連絡が来ることはありませんでした。

ところが、2013年のことです。突然、和歌山の市役所から、連絡が入ります。

「お父様が危篤《きとく》です」

当時の早川さんにとって、父親は過去の人でした。

「もう会うことはないだろう」。そんな気持ちだったのです。

自分は、会いに行くべきなのだろうか。母親に相談しても、「あなたのことを1度も抱《だ》いたことがない人なんだよ。行くことなんかない」。そう突《つ》き放《はな》されました。

しかし、当時すでに「魂の学」を学び、生き始めていた早川さんは、「これは人生への呼びかけだ」と受けとめました。

たとえどんな父親であったとしても、この世界を生きるための肉体を頂いた方。最後にきちんとお礼を言って、感謝を伝えたい。そう思って会いに行くことにしたのです。

父親は全身にがんが転移、糖尿病《とうにょうびょう》が悪化し、足は壊疽《えそ》を起こして大変な状態でした。

その頃《ころ》、早川さんから届いたお手紙があります。

「私にとって父は、恨《うら》みも思い出もなく、色で言えば真《ま》っ白な存在です。ただ生みの親であるという事実だけです。でも、これは私の人生への呼びかけだと感じます。今、私に必要なのは、『山の心』の菩提心《ぼだいしん》（どんな困難にも揺《ゆ》らぐことのない不動の心。詳《くわ》しくは拙著《せっちょ》『12の菩提心』を参照）であると心に刻んで、和歌山に会いに行きました」

何の触《ふ》れ合いもなかったはずの父親でしたが、実際に会ってみると、不思議《ふしぎ》なことに、魂が知っているのか、「間《ま》に合ってよかった」という想いがあふれてきたのです。

早川さんは、病魔《びょうま》に冒《おか》され、枯《か》れ木のようになって痛み苦しんでいる父親にハンドマッサージをしてあげました。

「気持ちがいい――」。そう父親がつぶやきました。

「あなたがいなければ、私は生まれてこなかった。……ありがとう」

早川さんはそう伝えることができたのです。

父親が亡くなった後、遺品《いひん》の中から、富士山の絵とお花の絵が出てきました。父親は絵を描《えが》くことが好きな人でした。その絵は、この世のものとは思えないほどの寂《さび》しい色使いで、まさに人生の転落とその父親の気持ちを象徴《しょうちょう》しているようでした。

それを見たとき、早川さんは、「父も母も、かつて果《は》たせなかった願い、超えられなかったテーマを抱《いだ》いている魂の存在。そしてだからこそ、この世界、魂を磨《みが》くことができる修行所に生まれてきたんだ――」。そのことが心に深く沁《し》みてきて、両親を責《せ》める想《いと》いはまったく消えてしまい、愛おしさが胸に迫《せま》ってくるようになったのです。

「親ガチャ」から人生を取り戻す智慧《ちえ》

ここに、本章のテーマである「『親ガチャ』から人生を取り戻す」智慧が現れています。

それは、母親を、そして父親を、魂の存在として、自分と同じ1人の人間として見つめるまなざしを育むということです。

誰《だれ》にとっても、親は特別な存在です。

親は、自分の保護者であり、守護者であり、最初の指導者でもあります。子どもにとって、親は、ある意味で完全でなければならない存在なのです。

しかし、どうでしょう。自分が親になってみてわかるのは、親もまた多くの不足や未熟を抱《かか》えた1人の発展途上《はってんとじょう》の人間であるということではないでしょうか。

永遠の生命の人間観に立つとき、この想いはいっそう際立《きわだ》つ実感となります。自分自身がそうであるように、両親もまた、その内に「魂願《こんがん》」という光と「カルマ」という闇《やみ》を抱えてこの世界に生まれてきた魂の存在なのです。

「魂の学」を学び実践《じっせん》するGLAという場があります。そこでは、多くの人たちが、このようなまなざしの転換の中で、人生を取り戻す出発点に立たれています。

たとえば、拙著《せっちょ》『2つの扉』第2章で紹介した山田理恵子《やまだりえこ》さんも、言うならば、早川さんと同じように、親ガチャから人生を取り戻したお1人です。

山田さんも、不実《ふじつ》な父親が原因で、母親との間に葛藤《かっとう》を抱えた人生を歩みました。ときに暴力も受け、母親を憎《にく》み、恨《うら》むようになったのです。心の傷は深く、お盆の帰省《きせい》で実家の近くに来ると、当時の恐怖が蘇《よみがえ》り、足が固まって動かない。そんなことが起こるほどでした。

しかし、やがて「魂の学」と出会って、誰もが人生の条件を背負い、望まぬ生き方に囚《とら》われてしまうこと、けれども、そこから脱出《だっしゅつ》できることを学んでいったのです。

母親も同じように人生の条件に縛《しば》られた1人の人間だったんだ——。

山田さんは、母親の写真を前にして、写真の中の母親に名前で語りかけました。

「○○さん、大変な人生の中で、よく私を育ててくださいましたね」

そのとき、山田さんは、それまで恨んできた母親に対して、厳《きび》しい忍土《にんど》の中を共に生きる同志のような、友情とも言える気持ちを抱《いだ》いている自分に気づいたのです。

母は自分を愛してくれて当然の存在ではなく、共に励《はげ》まし合う同胞《はらから》だった——。母親を1人の人間として、1つの魂として見つめるまなざしを育てていったということです。

魂として生きる自覚——亡《な》き父親との出会い

早川さんもまた、そうした想いを深めてゆく中で、自ら自身が、そして出会う1人ひとりが魂の存在であるという感覚をさらに噛《か》みしめてゆきました。

そして、その感覚を確信する出会いがもたらされることになります。

父親が亡くなって数年後、早川さんは、合同のご供養《くよう》の場に参加されました。

そこで起こったこと――。

私がご供養の祈りを捧《ささ》げさせていただき、参列される方々の間を進んでいたとき、突然、参列者のお1人だった早川さんが、父親のお見舞《みま》いに訪れている様子が、私の魂の目に映し出されました。そのことを早川さんにお伝えさせていただきました。

「早川さんがお父様のお見舞いに行ったときのことが見えます。あのとき、ベッドのお父様は、何かを何度も振《ふ》り払《はら》うしぐさを繰《く》り返していたでしょ」

「そうです、迎《むか》えが来たって……」。早川さんは、びっくりしながらうなずきました。

すると、私を通じて、地響《じひび》きのような低い声とともに、父親の魂が語り出したのです。

「恐ろしいぞ。俺《おれ》を地の底に連れて行こうとするおぞましいものが絡《から》みついてくる。俺を迎えに来たんだ。家族を捨て、勝手放題《かってほうだい》の最悪の人生だったから、たくさん恨《うら》みを買ったんだ。だからこいつらを追い払《はら》わないとえらいことになるんだ……」

そんな自分のところに、早川さんが来てくれたことを伝えてきました。

「赤児《あかご》のお前を見捨ててひどい目に遭《あ》わせたのに、お前は俺のところに来てくれて、手をさすってくれた。背中が痛いと言えば、そこもさすってくれた。身体は糖尿《とうにょう》でボロボロ、がんもあるし、もう尻《しり》は（便まみれで）大変だったろう。それも全部拭《ふ》いてくれた。お前を捨てた親父《おやじ》を、ここまで思いやってくれて……。俺はひどいことをいっぱいやってきた。それなのに、こんなところに連れてきてくれて……」

　この日、神聖《しんせい》な光にあふれた場所に連れてきてもらったことに感謝していたのです。

早川さんは、父親の魂が語ることに「その通り」と何度もうなずくばかりでした。

　そして、父親の魂は、かつて、外に女性をつくって子どもができたからと、家族を邪《じゃ》険《けん》にして捨てていったことを詫《わ》びたのです。

「つや子（早川さんの母親）にはつらい想いをさせた。しょっちゅう女ができてただろう。タクシーに女を連れて乗せては、つや子のところに金をせびりに行ってたんだ。お前がまだ赤ん坊の頃《ころ》の雪の日、こんなこともあったな。つや子が乳飲《ちの》み子のお前を抱《だ》いたまま、裸足《はだし》でタクシーに乗り込《こ》んで女のところまでやってきて、別れてくれって直《じか》談判《だんぱん》しに来た。でも、女が自分にも子どもがいるって言うと、つや子は黙《だま》って帰っていった。何て仕打《しう》ちだ……。そんなバカなことばっかりやってるから、誰《だれ》にも見向きもされず、1人ぼっちになって……。自業自得《じごうじとく》だ。もうどうにでもなれって気持ちでいた。そしたら、お前が来てくれた……」

「自分が悪かった。つや子に謝《あやま》ってくれ」

早川さんは実家に帰るなり、お母様にそう伝えると、お母様は「もう、遅い」と言いながらも、涙を流しました。

早川さんは、あのご供養の場の生々《なまなま》しさを忘れることができません。あのとき、感じた父親の魂の気配《けはい》。魂がそこで呼吸しているという実在感。人間は死んでも死なない。それは否定しようがない――。

亡き父親の魂との出会いを通じて、人間が魂の存在であり、内に秘《ひ》められた願いを果たすために生まれ、人生を歩んでいることをいっそう強く確信していったのです。

人生の弁証法《べんしょうほう》――人生進化の3段階

こうして早川さんは、自らの人生を取り戻してゆかれました。

早川さんの人生には、人間がたどる「人生進化の3段階」(図5)が示されているように思います。その人生進化の3段階とは、私が何千人もの方々の人生に伴走《ばんそう》させていただく中で、確かめてきた「人生の弁証法」としか言いようのない人生のステップです。

3つの「ち」の流れの中で引き受けた人生の条件は、往々《おうおう》にして私たちを不自由にし、

人生進化の3段階

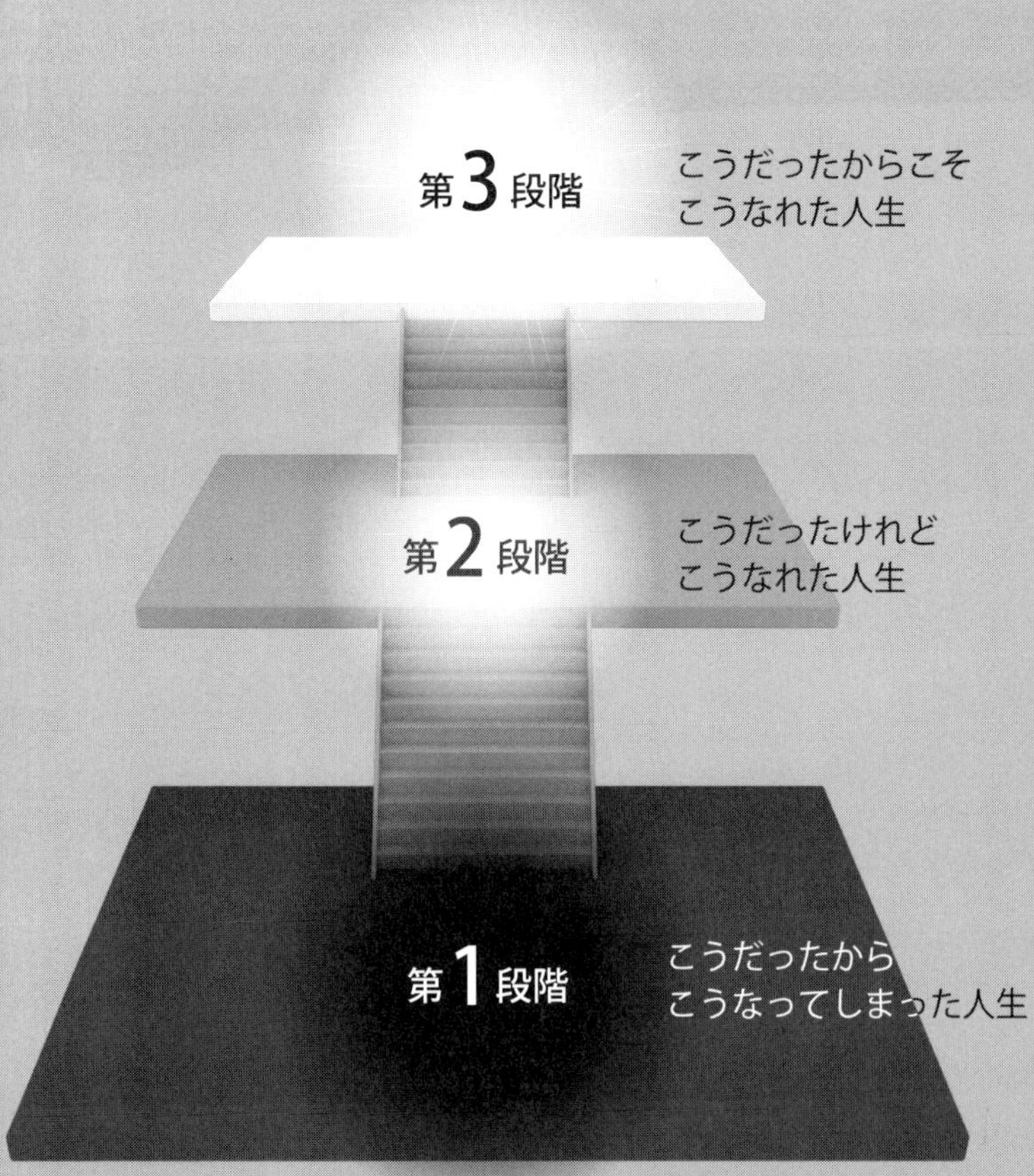
第3段階
こうだったからこそ
こうなれた人生
第2段階
こうだったけれど
こうなれた人生
第1段階
こうだったから
こうなってしまった人生

図5

可能性よりも制約を生じさせ、痛みや混乱、破壊《はかい》の暗転の現実を呼び込んでしまう。厳しい人生の条件を背負ったから、こうなってしまったという人生です。

しかし、**あらゆる人生は、「こうだったから、こうなってしまった人生」という段階から始まり、「こうだったけれど、こうなれた人生」を経《へ》て、「こうだったからこそ、こうなれた人生」に至る――。それが「人生進化の3段階」という法則です。**

早川さんの厳しい前半生《ぜんはんせい》は、まさに、「こうだったから、こうなってしまった人生」という第1段階です。そこでは、人生のX《エックス》とY《ワイ》の本当の意味はわかりません。

人生のYが猛威《もうい》を振《ふ》るい、「どうしてこんな目に遭《あ》わなければならないんだ」と、そのつらさ、理不尽《りふじん》さを、他人《ひと》のせい、社会のせい、運命のせいにせざるを得ないのです。

しかし、人間はその中に埋没《まいぼつ》してしまうほかないのかと言えば、そうではありません。その中から抜け出すことができるのです。人生のYに呑《の》み込まれることなく、それを跳《は》ね返して歩むことができます。

早川さんが必死に美容師としての仕事を続けられたことは、まさにその証《あかし》でしょう。

それは、第2の「こうだったけれど、こうなれた人生」の段階です。

人生の条件の重圧に負けずに、それを跳ね返して道を切り開く――。もちろんそれは、素晴《すば》らしい歩みです。

ところが、そこで終わらないのが、私たちの人生なのです。

早川さんは、不幸続きの前半生において、つらく苦しい日々を噛《か》みしめたからこそ、他人の痛みに深く共感し、寄り添《そ》うことができるようになりました。

さらに、「魂の学」を学び、実践《じっせん》を重ねてきたことで、人生のYを大切な体験として受けとめることができるようになりました。Yの現実を受けとめ、他人のせい、社会のせい、運命のせいにすることなく、そこに呼びかけられている声に耳を傾《かたむ》け、生き方の中心軸《じく》を定めることができたのです。

だから、福祉《ふくし》と美容を結びつける必然を誰《だれ》よりも強く感じ、2つの異質な仕事を1つにつなぐことができたのではないでしょうか。その2つを1つにつなぐということは、超高齢多死社会を迎《むか》える日本において、とても大切な意味をもちます。それを果《は》たすことは、きっと早川さんの魂の使命に直結しているでしょう。

和歌山の病院で出会った最後の父親の姿。そして今、認知症《にんちしょう》を抱《かか》えながら、それまでの人生を振り返りつつ晩年《ばんねん》を過ごす母親の姿。

父親も母親も、生きる意欲を蘇《よみがえ》らせ、その生を支える援助《えんじょ》を必要としていました。

その現実を見たとき、早川さんは、福祉と美容というテーマの必然をより強く感じたのではないでしょうか。自分自身が人生の中で孤独を噛みしめてきたからこそ、他の人たちの孤独も感じ取ることができる。そして、何が必要なのかが痛いほどわかる――。

もし、早川さんがこの両親の下《もと》に生まれることなく、この3つの「ち」を引き受けることがなければ、今のような気持ちで、福祉と美容を結ぶことの意味を受けとめることはできなかったでしょう。

その想いが引き出されたのは、早川さんがあの3つの「ち」を引き受けたからです。

それは、早川さんが今感じている必然の強度を生み出すために、どうしても必要なものだったのです。

これが、第3の「こうだったからこそ、こうなれた人生」の段階です。

一見、漆黒《しっこく》の闇《やみ》が広がるばかりの早川さんの前半生――。しかし、今、その漆黒の闇にまばゆい光が射《さ》していることをはっきりと見ることができるのではないでしょうか。

「こうだったからこそ、こうなれた人生」を歩んで、すべての出会いと出来事、人生の条件をまばゆく輝《かがや》かせることができる。それこそが、人生を取り戻すということにほかなりません。

第3章　「窓《まど》際《ぎわ》」から取り戻す

若い頃《ころ》はバリバリ仕事をしていても、
50代半《なか》ばになったら、そろそろ肩たたき。
定年間際《まぎわ》になると、老いと衰《おとろ》えを感じ、
窓際という試練に直面し、
人生を手放《てばな》してしまうことがある。
しかし、魂の成長曲線には、衰える時期がない。
永遠の生命の人間観を抱《いだ》いて生きるとき、
人はどこまでも成長と進化を続け、
人生の「本当の成功」に至ることができる。

人生100年時代の問いかけ

様々な病が克服《こくふく》され、経済が著《いちじる》しく発展した今日《こんにち》、各国の平均寿命《じゅみょう》は延《の》び続け、今や人生100年時代と言われています。先進国においては、2007年生まれの2人に1人は、100歳を超えて103歳まで生きるという指摘《してき》もあります。

100歳であれば、60歳で定年を迎《むか》えたとしても、人生の半《なか》ばを少し過ぎたところ。まだ40年もの歳月《さいげつ》が残されています。これを単純に余生《よせい》と呼ぶことはできないでしょう。

わが国の政府は、現在、65歳の定年をさらに5年引き上げる検討を始めていると言います。つまり、それだけ、かつては引退して余生を送るだけの世代に、潜在的《せんざいてき》な活力があると見なされているのです。

そして、実際、この世代の特質である、経験に裏打ちされた知見《ちけん》と能力は、わが国が抱《かか》える超高齢化、人口減少、少子化など、多くの問題に注《そそ》がれることを待っているように思います。問題解決先進国として、わが国がこの世代の力を生かすことは、ゆるがせにできないテーマなのではないでしょうか。

しかし――。前言《ぜんげん》を翻《ひるがえ》すようですが、現実には、多くの人々が定年となる60歳、65歳の頃《ころ》になると、「自分は年を取った」「もうかつてのようにはできない」と感じるようになります。

定年にまつわる言葉を挙《あ》げてみると、退職、引退、退陣《たいじん》、隠居《いんきょ》、幽居《ゆうきょ》……それらが共通してもたらすのは、「社会的活動は、仕事からの引退とともに終わり、あとは個人的な身の周りの人間関係で生きてゆく」といったイメージではないでしょうか。

人生100年時代の喧伝《けんでん》とは裏腹に、私たちは、60歳前後でそこはかとない限界感を抱《いだ》いてしまうのです。

あらゆるものは生命のように興隆《こうりゅう》し衰退《すいたい》する――成長曲線の秘密

多くの生物に共通する成長曲線というものがあります。

それは、誕生から成長を加速し、やがて頂点に達する曲線を描《えが》き、成長が止まった後は、次第《しだい》に衰《おとろ》えてゆく生命を表すように下降してゆきます。

もちろん、人間の成長と衰退の曲線も同じです。

人間の場合、誕生後、数年の乳児期《にゅうじき》の爆発的な成長期と、思春期スパートと呼ばれている2つの成長期が知られています。

図6の曲線は、その時期に人がいかに成長するかのイメージを表しています。

人間の成長曲線

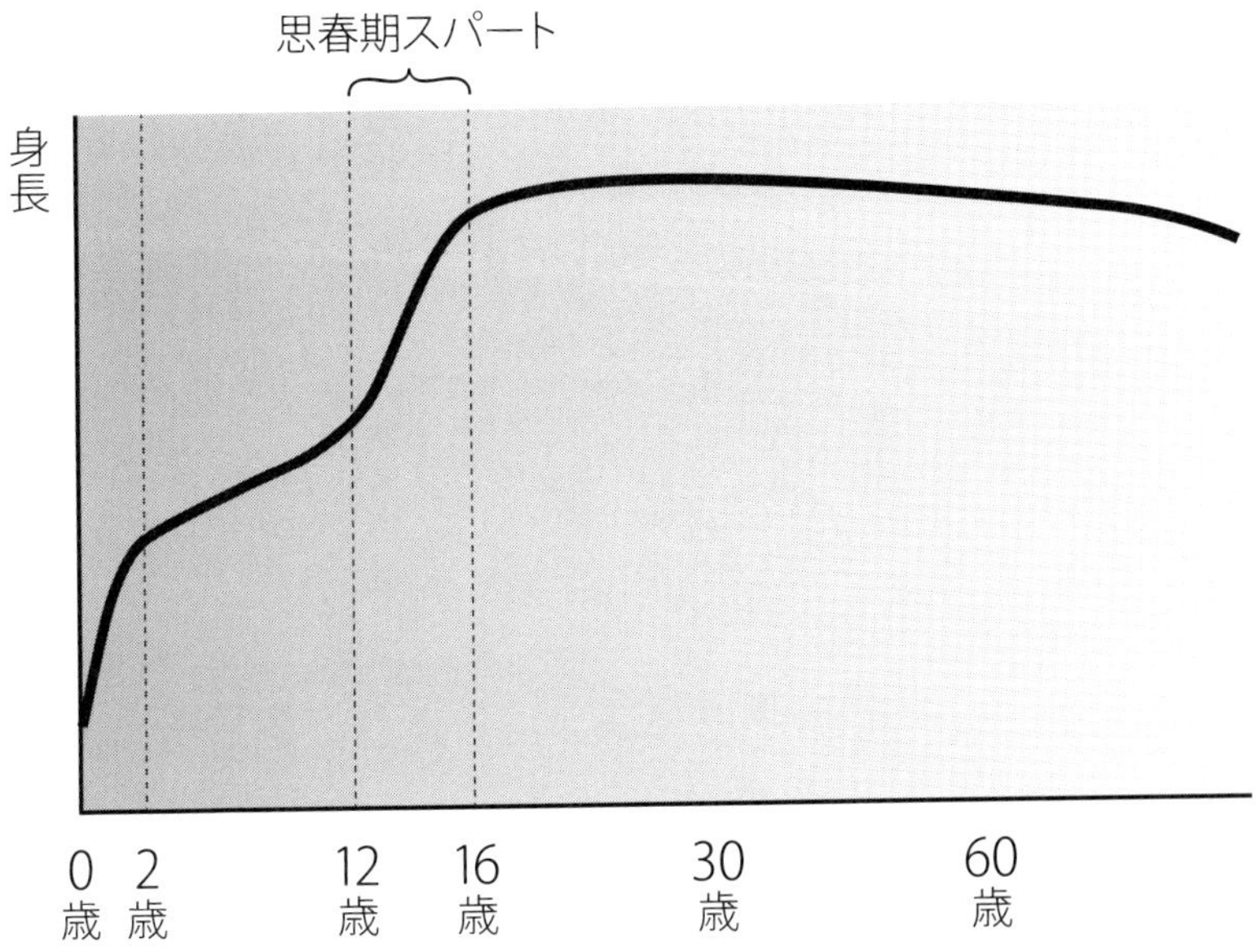

図 6

人間にとって、幼年期、少年期、青年期といった若々しい季節こそ成長の季節であり、その成長は20代で止まり、それ以降は、発展・成熟の季節が続くも、やがて老いの季節を迎《むか》えます。老年期への推移は、残念ながら衰退のプロセスであり、誰《だれ》もがそのプロセスをたどるほかないと思っているのです。

私たちは、生命がたどる成長・発展・成熟・衰退というサイクルを、あらゆるものごとに押し当てて見ているのではないでしょうか。

今から約100年前、第1次世界大戦直後のドイツで、1人の若い無名の歴史学者が『西洋の没落《ぼつらく》』という書物を出版しました。

あらゆる文明は、誕生から成長して発展し、やがて成長が止まり、成熟した後、衰退してゆくという仮説を描き、それまで隆盛《りゅうせい》を誇《ほこ》っていた西洋文明の没落を警告したのです。その本は、未曾有《みぞう》の大戦で傷ついたヨーロッパに衝撃《しょうげき》を与《あた》え、またたく間《ま》に世界に広がり、著者オスヴァルト・シュペングラーの名を世に知らしめました。

今、目の前に確固として存在している世界が、実は生物のように老い衰えてゆく――。その仮説は、直感的に正しいと受けとめられたということでしょう。

その感覚は、実は今日《こんにち》においても変わりないように思います。

生命だけではなく、様々な組織も、国も、文明も、その成長・発展・成熟・衰退のサイクルをたどる。自分自身もまた、そのサイクルをたどっている——。

それは、多くの人にとって疑いようのない事実になってしまっているのです。

窓際《まどぎわ》の危機

青年期にあるとき、人は人生の時の流れを意識することはあまりありません。時は目の前にあり余るほどあるからです。どれほど時を費《つい》やし、貪《むさぼ》っても、無頓着《むとんちゃく》なままです。

けれども、年を重ねるにしたがって、私たちは時を意識するようになります。

もともと出世を志向《しこう》してきた人なら、なおさら年齢《ねんれい》を気にすることになるはずです。最後まで出世コースに残る人は一握《ひとにぎ》り。その競争は、先へ行くほど厳しくなります。

しかも、わが国の会社では、実力主義というより、社内の派閥《はばつ》争い、政治的な力学によって進路が決まってしまうことが少なくありません。

30代、40代はバリバリ仕事をしていても、50代半《なか》ばを過ぎれば、そろそろ肩たたき。役職がついていても、役員になっていても、安心はできません。

いつ出世のメインストリームから外《はず》れ、退職予備軍として、閑職《かんしょく》に追いやられることになるかはわからないのです。そのような人々は「窓際族」と呼ばれます。長年、会社勤めをしてきた人なら、そうした待遇《たいぐう》があることは承知。自分にそうした辞令が下《くだ》っても、「まあ仕方がない」と受け入れるのではないでしょうか。

ここに、本章のテーマである「窓際」によって人生を手放《てばな》してしまう危機があるのです。

窓際族は、会社側の論理で生み出されるものかもしれません。けれども、厳密な意味での窓際族ではなくても、自ら枠《わく》をあてがい、限界をつくり出してしまうこともあります。

定年を迎《むか》える頃《ころ》になると、「自分は年を取った。もう伸《の》びしろはない。まあ、こんなものか」とあきらめてしまうことも、窓際族と呼ばれる人々の兆候《ちょうこう》です。でも、それは本当なのでしょうか。私たちのサイクルは、老いとともに衰退《すいたい》するほかないものなのでしょうか。

順調な門出《かどで》

会社人生において、この「窓際《まどぎわ》」と成長のサイクル観によって人生を見失いかけながら、まったく新たな次元の生き方を見出《みいだ》し、人生を取り戻したのが、吉岡基行《よしおかもとゆき》さんです。

吉岡さんは大学卒業後、25歳で全国規模《きぼ》のゲーム会社に就職します。

ゲームのプログラミングに従事し、やがてその実績が認められ、開発のトップとなり、150人もの部下を動かしていました。

当時、ゲーム業界は活況《かっきょう》。プログラマーは引く手あまたで、やがて吉岡さんは、別の新たな会社に引き抜かれて働くようになりました。当時、吉岡さんは、自らの人生に盤《ばん》石《じゃく》の未来を思い描《えが》いていたのではないでしょうか。

その会社は、現在はスポーツ用品で有名ですが、もともとはゲームの会社。神戸のポートアイランドに本社を置いていました。

しかし、吉岡さんが入社した翌年、阪神・淡路大震災が起こり、会社は大打撃《だいだげき》を受けてしまいます。その結果、本社ごと東京に移ることになりました。

会社は起死回生《きしかいせい》を図《はか》り、その方針の軸《じく》の1つが分社化でした。

その陣頭指揮《じんとうしき》を執《と》ったのが、吉岡さんだったのです。

吉岡さん自身も、自社100％出資の子会社を立ち上げます。音楽が好きだった吉岡さんは、その会社で「家庭用音楽ゲームをつくらせてほしい」と願い出て制作すると、これが大ヒット。100万本以上を売り上げることになりました。

会社を立ち上げて3年、年間売り上げが30億円にまで達したのです。

1999年には社長に就任。当時は毎日、会社の近くに泊《と》まり込み、ほとんど家にも帰らず、3時間睡眠《すいみん》で仕事をしていました。吉岡さんの会社は、関連子会社をどんどん吸収合併《がっぺい》してゆきました。

いつの間《ま》にか、吉岡さんの会社は、社員が300名にまで膨《ふく》れ上がっていました。

2002年には株式上場。売り上げは100億円近くにのぼりました。その翌年、会社は六本木ヒルズのオープンと同時にワンフロアを借りて、吉岡さんはいわゆるヒルズ族の一員となります。まさに飛ぶ鳥を落とす勢いで、怖《こわ》いものなしの状況だったのです。

ここまでの吉岡さんの人生を振《ふ》り返るなら、ビジネスマンの誰《だれ》もがうらやむような勝ち組、成功者の人生だったと言えるでしょう。

伴侶《はんりょ》との別れ

しかし、それと並行《へいこう》するように、吉岡さんは大きな試練に遭遇《そうぐう》します。

会社を上場し、まさに絶頂だった2002年、奥様の宣子《のぶこ》さんが重い病に伏《ふ》されてしまいます。

吉岡さんは、キャリアの歩み出しの頃《ころ》、最初の会社で宣子さんと出会い、結婚しました。

お2人はクリエーターの同僚《どうりょう》。「こんなものができたら、きっとみんな歓《よろこ》ぶよね」。2人で語り合った、ものすごく楽しかった思い出があります。

宣子さんの病気は、肺の中の毛細血管《もうさいけっかん》、いわゆる酸素を取り込む部分がどんどん固く小さくなってゆく原因不明の難病で、余命3年と言われました。

株式を上場して、ある程度の資産もでき、「これから2人で楽しもう。海外旅行をして楽しく過ごそうね」と話していた矢先でした。

心臓にカテーテルを入れた奥様は、24時間の看護が必要になりました。治療法がなく、延命装置《えんめいそうち》を着けていなければならず、常時、酸素を吸入して、自宅で過ごしている状態だったのです。

その頃、子どもの運動会がありました。奥様は入院中でしたが、外出届を出して運動会を見に行ったのです。そのときの宣子さんの悲しそうな顔を、吉岡さんは今でも忘れることができません。

宣子さんはずっと、「私、どうしてこんな病気になったんだろう」と言われていました。吉岡さんは何も答えられず、沈黙《ちんもく》することしかできませんでした。そして、「どうしてこういうことになるんだろう」と自問自答するほかなかったのです。

2009年の末、残念ながら奥様は、治療《ちりょう》の甲斐《かい》なく、49歳という若さで旅立たれました。

それまでの吉岡さんは、あまり家庭を顧《かえり》みず、仕事一筋《ひとすじ》。「妻に苦労ばかりさせて、報《むく》いることができなかった」という強い後悔《こうかい》を残すことになったのです。

人生が与《あた》えた公案《こうあん》——本当の成功者とは

仕事の絶頂と、家庭における人生最大の苦難——。

吉岡さんに、人生のX《エックス》のピークとY《ワイ》のピークが同時に現れたのです。

先に述べたように、私たちは、ともすると、人生のYを排除《はいじょ》し、Xだけで人生を満たそうと考えてしまいます。それが人生の成功だと考えるからです。

しかし、それは不可能です。「人生＝X×Y」が法則だからです。Xだけの人生も、Yだけの人生もあり得ません。

仕事に邁進《まいしん》してきた方ならば、そこで成功を収《おさ》めることが、求めてやまない人生の目標です。このときの吉岡さんは、一方の手で、この成功をつかみかけたかのようでした。しかし、もう一方の手の上には、とても支え切れないほどの大きな悲しみが乗っていたのです。

「幸せになれると信じて成功を求めてきた。でも……」

吉岡さんは、そのとき、心の中でこう問いかけていたのではないでしょうか。

「人生の成功って何だろう。本当の幸せって何だろう。本当の成功者って……」

そんな疑問を抱《いだ》くのは、決して吉岡さん1人ではありません。

成功者と呼ばれる多くの人たちが、心の隙間《すきま》に響くこのかすかな声を抱《かか》えながら、日々の忙しさに忙殺《ぼうさつ》されて生きているのではないでしょうか。

人生の本当の成功者とは——。その答えは、永遠の生命の人間観をもつことによって、まったく変わってしまいます。

私も窓際《まどぎわ》族なのか

吉岡さんが自らの会社を上場までに導いた頃《ころ》、ゲーム業界に携帯電話のゲームが登場して大きな変化が起こりました。その後、本社の方針で、吉岡さんの会社は、本社に吸《きゅう》収合併《しゅうがっぺい》されることになります。

2005年、吉岡さんは、本社に戻って執行《しっこう》役員になり、開発のトップに就任しました。

開発本部長という立場は、全社数千名の社員を牽引《けんいん》する重責《じゅうせき》です。

しかし、この年、奥様の容態が安定せず、吉岡さんは心配が絶《た》えませんでした。肺の移植《いしょく》手術を受けるしかない状態になっていた奥様を待機《たいき》リストに載《の》せて、吉岡さんもまったく余裕《よゆう》のない日々が続きました。

やがて限界を超えてしまい、仕事にしわ寄せが行って、この年の業績は振《ふ》るわないまま、吉岡さんは、開発本部長の仕事を終えることになったのです。

「会社での私の役割は終わった――」

次の年、吉岡さんは、役員に残りつつ、人材開発部という部門に移って、全社員を集めた教育機関の校長を務《つと》めました。「売上げには関係なかったので、少し気持ちが楽になった」と吉岡さんは振り返っています。

その後、傘下《さんか》のスポーツクラブの監査役《かんさやく》などを務め、定年まであと1年となった59歳のときのこと――。内示があり、役員を下《お》りて、業務部長として、業務調査室という部署に異動することになったのです。

この話を受けたとき、吉岡さんは決して心穏《こころおだ》やかではいられなかったでしょう。一時は、会社全体を牽引する業績を残した吉岡さんです。

「社内に残っても、役員ではないので体裁《ていさい》が悪い」。そんな気持ちで周囲を眺《なが》めると、業務調査室のメンバーは役職定年の社員ばかりで、窓際族としか見えませんでした。

会社人生を長らく続けてきたから、そうしたしくみも状況《じょうきょう》も承知している。しかし、自分もその仲間になるのか――。

吉岡さんは、この話を受けるか否《いな》か迷いました。

もしこのとき、気持ちの中で人生を手放《てばな》していたら、窓際という試練に呑《の》み込まれ、人生を見失っていたかもしれません。

吉岡さんは、ここで再び、あの問いを突きつけられることになります。

「人生の成功とは、本当の幸せとは何だろう。人生の本当の成功者とは、どのような人なのだろうか」

そして、この問いについて考えることは、『窓際』から人生を取り戻す」という本章

のテーマに深く関わります。なぜなら、成功者と窓際族は、ビジネスマンにとって、人生の光と影《かげ》、その両極端《りょうきょくたん》を示す言葉だからです。

このテーマを「魂の学」の観点から見つめるとき、まず私たちは、「窓際」の意味を捉《とら》え直さなければなりません。

多くの人が、窓際族とは、会社の第一線、出世コースから外《はず》れてしまった人たちのことをさすと考えています。つまり、窓際族であるかないかは、その人が受けている待遇《たいぐう》、与《あた》えられている職位《しょくい》によって決まる。

しかし、本当にそうでしょうか。

そもそも窓際の語源は、高度経済成長期が終わりを告げつつあった時代、窓際で外を眺《なが》めていたり、ぼんやり新聞を読んだりしている社員のことを、当時のメディアが「窓際族」と呼ぶようになったことにあると言われています。

つまり、本来、窓際というのは、職位をさすのではなく、その人の人生に対する態度、仕事の仕方をさしているのです。

逆に言えば、どんな職位にあろうとも、私たちは、窓際にはならない生き方を示すことができるということです。

そうは言っても、それはきれいごと。会社の現実は、そんな甘《あま》いものではない――。

そんな声が聞こえてきそうです。

それでも、吉岡さんは、いわゆる「窓際」と呼ばれる閑職《かんしょく》に追い込まれ、しかし、そこから人生を取り戻してゆきました。

魂としての生き方に立ち還《かえ》る

2009年に奥様を亡くされた2年後、吉岡さんのお父様が他界されます。この2つの葬儀《そうぎ》を経験したことが、吉岡さんの人生に新たな節目《ふしめ》をつくり出すことになります。「窓際《まどぎわ》」から人生を取り戻すスタートラインに立ったのです。

奥様の葬儀と四十九日《しじゅうくにち》は、いわゆる仏式《ぶっしき》で、形式的に進んでゆきました。

吉岡さんには奥様への強い想いがあっただけに、その面影《おもかげ》も、人となりの素晴《すば》らしさも伝えられず、奥様が人生を生きた意味も感じられないものになってしまったことがとても残念でした。

亡き魂への本当の慰霊《いれい》にも供養《くよう》にもなっていないと感じたのです。

今日《こんにち》の多くの僧侶《そうりょ》は、残念ながら、人間が魂の存在であるとは本当には思っていません。そのため、葬儀での読経《どきょう》が参列者のためだけに行っているものになってしまうことも、それに拍車《はくしゃ》をかけたでしょう。

一方、GLA会員だったお父様の葬儀は、「魂の学」の人間観に基《もと》づくものでした。人間は魂の存在。魂にとって、死は一切の終焉《しゅうえん》ではなく、次のステージに向かう1つの通過点——。

肉体を離れた亡き魂は実在し、姿は見えなくても、ここにいる。その魂に想いを寄せ、心の中で語りかけることで、葬儀は進んでゆきます。祈りはもちろん、亡き魂にも向けられたものです。

亡き父の人生はどのようなものだったのか。どのような生まれ育ちで、どんな願いを抱《いだ》いて道を求め、どこにたどり着いたのか。大好きだった父の姿がありありと感じられる場になりました。

参列者に配布される栞《しおり》には、お父様の人生の足跡《そくせき》が綴《つづ》られ、性格や人柄《ひとがら》も、願いとそれを求めた歩みも、次なる段階に向かう未来の希望も、参列者の方々に分かち合われたのです。お父様がなぜその人生を歩まれたのか、その意味が確かに伝わってきました。

そして、生前もそうであったと同様に、亡き魂と私たちが、互《たが》いを想い合い、それぞれの歩みを進めてゆくことを約束して、葬儀の場は締《し》めくくりを迎《むか》えたのです。

吉岡さんは、仕事の多忙と奥様の看病《かんびょう》のために、なかなかＧＬＡの場に足を運ぶことができない時期がありました。

しかし、お父様の葬儀で、かつて感じたことのある、なつかしい感覚が蘇《よみがえ》ってきたのです。

「そうだ。やっぱりこれだよな……」

自分も含《ふく》め、人間を魂の存在として受けとめることの大切さ――。それを噛《か》みしめた吉岡さんは、この葬儀をきっかけに、再び仲間と共に「魂の学」の研鑽《けんさん》を始めてゆきました。

最初に学んだのは、経営、医療、教育、法務、福祉《ふくし》など、専門分野の人たちが集まる研鑽の場です。まるで乾《かわ》いたスポンジが水を吸収するように、どんどん吸い込んでいった感覚を今も覚えています。

出会うものすべてが新鮮《しんせん》で、「自分が社長のときにこれを勉強していたら、どんなによかっただろう」と思うことばかりでした。

仕事の進め方、組織の捉《とら》え方、会議の進め方……どれ1つとっても、「これを学んでいたら、もっと皆を幸せにできたのに」と思わずにはいられなかったのです。

「自分もかつて、社員を人と思っていなかった。資産と捉え、道具のように思っていて、能力のあるやつは使うという感覚だった」

その吉岡さんが、「社員は、目的を果たすための同志」という「魂の学」の捉え方に、驚きとともに、言葉を超えて深く納得したのです。

同時に、「魂の学」の感覚が自分の中に沁《し》み入ってくるほど、強い後悔《こうかい》を噛《か》みしめることになりました。

最後の辞令《じれい》を迎《むか》えるまでには、吉岡さんは、「魂の学」によって新しい生き方を開くことができるという確かな実感を抱いていました。

しかし、それでも、いざ役員を降りることになる最後の辞令には、少なからず心が揺《ゆ》れました。それが会社から流れ込んできた3つの「ち」の「地」の呪縛《じゅばく》です。長らく企業戦士として闘《たたか》ってきた吉岡さんの中にはたらいていた慣性力《かんせいりょく》です。

しかし、吉岡さんは、その心を立て直しました。「今、自分は魂として大切な節目を迎えている」と自らに語りかけ、拙著《せっちょ》『新・祈りのみち』を手に取り、その中の「人生の岐路《きろ》を迎えたとき」の祈りを心深くに刻んでゆきました。

どちらに進むか迷って仕方《しかた》がないというような岐路ならば
左に進むか右に進むかで違《ちが》いはあっても
その方向で「最善《さいぜん》の道」を歩むことはできる。
どちらにも、その道を歩んで良かったと思える道が一つはあるということです。

（『新・祈りのみち』421ページより）


これまでの役員としてやってきた道と、これからの役員を降りたあとの道――。

私はその2つの道に、大きな隔《へだ》たりを感じていないだろうか。

でも、魂としてこの新たな体験に向かうことの意義は、これまでと何ら変わらない。役員としての仕事だろうが、業務部長としての仕事であろうが、魂にとって、その価値は変わらない。むしろ、これから新たな生き方ができるかもしれない。

左に進んでも、右に進んでも、どちらを選んでも「最善の道」を歩むことができる。

そのことを心から信じよう――。

吉岡さんの心に、しっかりとした魂の重心が生まれてゆきました。

今までは気が重くなるような未来しか思い描《えが》くことができなかったけれど、新しい仲間と共に、過去の経験を生かしながら、会社の役に立てるかもしれない。自らの魂を磨《みが》き、新たな境地を開くことができるかもしれない――。

そんな気持ちで、新しい一歩を踏《ふ》み出す決心がついたのです。

新たな経験の季節――業務調査室での実践《じっせん》

吉岡さんにとって、会社での最後の1年の実践が始まりました。

業務調査室は、各部門から上がってくる膨大《ぼうだい》な業務報告書に基《もと》づき、各部署の調査、改善提案を行う部署です。

さっそく仕事を進めることにした吉岡さんでしたが、心に期するものがありました。

GLAの様々な研鑽《けんさん》の場の1つに、「生活実践《せいかつじっせん》」があります。そこでは、住まいや職場が近い会員が少人数のグループをつくり、月に2回ほど「魂の学」を学び、語り合う機会をもちます。

吉岡さんは、この「生活実践」が大好きで、仕事の人間関係ばかりだったこれまでとは違《ちが》って、様々な人と友人になれることを本当に歓《よろこ》んでいたのです。

吉岡さんは、GLAのグループミーティングで行われている、メンバー同士が互《たが》いの想いを深く交換《こうかん》してゆくための手法――「連歌発想法《れんがはっそうほう》」を取り入れて、新たな仕事のスタイルを開発しました。

「連歌発想法」とは、何よりも1人ひとりを魂と見る感性を育む、GLA独自のミーティングの進め方です。参加者全員で和歌を生み出してゆく連歌のように、会議において、前に発言した人の意見を大切に受けとめ、その感想を一言述べ、そのこととつないで自分の意見を語ってゆくものです。

そのためには、それぞれの意見に対する賛否《さんぴ》を超えて、その意見の背景にある1人ひとりの人生にも深く想いを馳《は》せることが、どうしても必要になってきます。真の意味で他の人の話を聴く力が育まれ、互《たが》いに対する畏敬《いけい》の念が引き出されてゆく中で、全員で、それぞれの発言に孕《はら》まれている可能性に気づいてゆこうとする場が生まれてくるのです。

その方法を活《い》かして、吉岡さんは、いろいろな人がバラバラに意見を言いがちな会議が有機的につながり、まとまってゆくようにしたのです。

「連歌発想法」で報告書を読むと、その報告を書いている人たちの想いを感じることができました。すると、問題点がどんどんピックアップされ、その問題を解決できるようになっていったのです。

吉岡さんは、これまで自分はトップダウンで指示を出し、一定の方向にもってゆくという仕事の進め方しかしてこなかったと思いました。それが、吉岡さんにとってのリーダーシップだったのです。

しかし、そこには負《ふ》の心の情動も混在しています。「自分の言うことに従わせよう」「自分の思い通りに動かそう」「ダメなやつはこっちに移そう」……つい、そんな気持ちになってしまうことがありました。

吉岡さんは、まず、1人ひとりの提案や意見をきちんと受けとめ、その背後にある想いを感じながら関わるようにしました。その中で、それまでの吉岡さんにはなかった新たなリーダーシップが生まれ、新境地が開かれてゆきました。

まず、あらかじめ自分が決めた一定の方向へもってゆくという意識がまったくなくなりました。メンバーの皆さんの想い、その奥にある願いを大切にできたのです。

すると、実はメンバー全員が「会社をよくしたい」と思っていることに気づきました。自分がこんな関わり方ができるなんて――。吉岡さん自身も驚いているほどです。

その結果、最後の1年は、本当に充実《じゅうじつ》した時間となりました。

メンバーは、役職についていた人たち。つまり、もともと能力をもっていた人たちだ

かつての吉岡さんは、新たに開発したゲームソフトが100万本を超える大ヒット、会社は飛ぶ鳥を落とす勢いで成長していた。しかし、定年間際、思いもかけない「窓際族」への異動。人生を投げてもおかしくなかったのに、吉岡さんは、新たな仕事の仕方を身につけ、これまで以上の豊かな成果を上げることができた。写真は、集い終了後の対話で、その吉岡さんの実践を紐解いてゆく著者。

からこそ、皆の力が結集したとき、その成果も具体的に現れました。

「お客様の声」というしくみはあったものの、機能していなかったものが機能し始め、声を吸い上げることができるようになったのです。

そのことで重大事件に発展するところを未然に防止できた案件など、会社に大きな貢《こう》献《けん》ができたのです。

業務調査室への異動の呼びかけがあったとき、「ここは、窓《まど》際《ぎわ》族《ぞく》の部署じゃないか」。思わずそう受けとめかけた吉岡さん。成長と衰《すい》退《たい》の曲線からすれば、そこには、まさに右肩下がりで衰《おとろ》えるだけの人生が待っているはずでした。

しかし、定年までの最後の1年で、吉岡さんがそれまでとは違《ちが》う新たな生き方を自分の中から引き出していったことは、本当にかけがえのない体験でした。衰退の季節となるはずだった1年は、新たな成長と進化のときとなったのです。

ウイズダムに取り組む——新たな挑《ちょう》戦《せん》

ビジネスマンとして長い道のりを歩んできた吉岡さんにとって、「本当の成功者とは」という問いは、人生をかけて探究するにふさわしい、切実で壮《そう》大《だい》なテーマであると言えます。

それは、吉岡さんだけではありません。多くのビジネスマンにとって、共通の命題《めいだい》ではないでしょうか。

吉岡さんは、その解答に迫《せま》ってゆきました。

60歳で定年退職した吉岡さんは、現在、ネットワーク関連の通信機器販売を行う会社の非常勤《ひじょうきん》監査役《かんさやく》をされています。

吉岡さんは、この仕事を進めるにあたって、「魂の学」のウイズダム（問題解決と新たな現実創造のメソッド）に取り組みました（詳《くわ》しくは拙著《せっちょ》『ゴールデンパス』第5章を参照）。

ウイズダムは、まず、テーマの設定から始まります。それは、自分の中にある願いの明確化であり、達成すべき目標の策定《さくてい》でもあります。

吉岡さんは、迷うことなく「会社の成長。目標としては上場」をテーマとしました。会社の成長・発展は、これまで吉岡さんが目標を立てるとき、常に意識してきたものです。もともと、吉岡さんに協力が求められたのも、吉岡さんに会社の上場の経験があったからでしょう。そう考えることは、とても自然な成り行きでした。

ところが、どうも心がすっきりしません。

「会社の上場」。でも、違和感《いわかん》がありました。それは、頭ではそう考えても、心の深奥《しんおう》の魂は、「本当にそうなのだろうか……」と感じていたということです。

なぜ、吉岡さんの中にそのような違和感、躊躇《ちゅうちょ》が生まれたのでしょうか。

それは、吉岡さんが「魂の学」の因縁果報《いんねんかほう》の智慧《ちえ》を学び、身につけ始めていたからです。

「魂の学」における因縁果報（図7）**は、あらゆる事象《じしょう》の生成消滅《せいせいしょうめつ》を司《つかさど》る法則です。**

この世界には、因縁果報の法則を外《はず》れて存在するものは何1つありません。

「因」は、ものごとの主たる原因。

「縁《えん》」は、その「因」と結びついて、結果を生じさせる条件。

「果報」は、「因」と「縁」によって生じた結果のことです。

たとえば、業績が低迷している職場を思い浮かべてください。

この事態を、因縁果報によって生まれた現実、「果報」と捉《とら》えます。

「魂の学」の因縁果報の原則は、自分自身を「因」＝主たる原因とすることです。この原則によって、私たちが直面する事態はすべて、自分が「因」として出会っている現

因縁果報

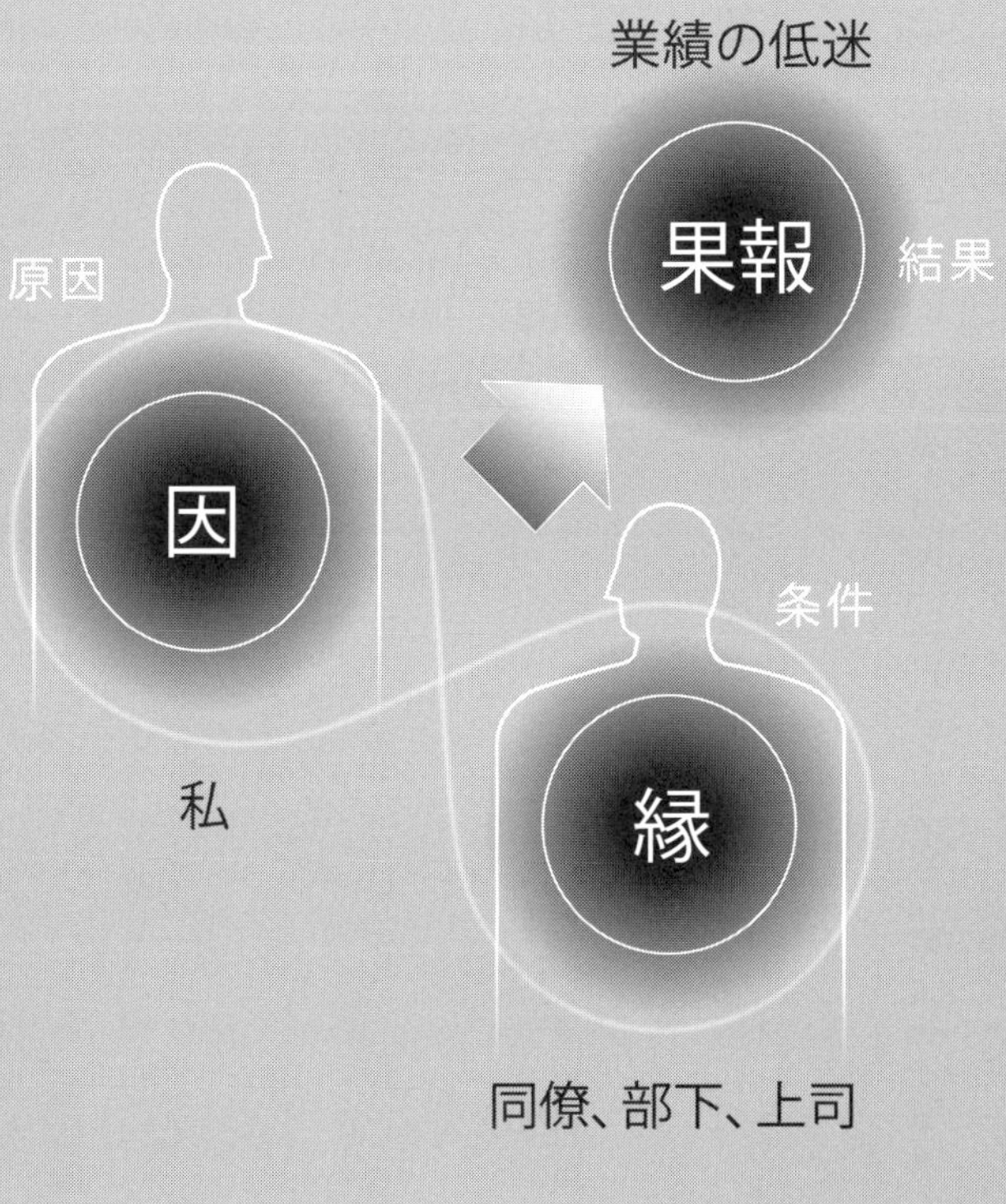

図 7

実になります。

そして、その「因」と結びつく条件＝「縁」の代表は、私たちと関わり、共に目的に向かう同志です。この場合は、職場の同僚《どうりょう》、部下、上司がそれに当たります。

つまり、目の前の業績低迷という「果報」は、私という「因」と、同僚、部下、上司という「縁」が結びついて生まれたと考えるのです。

では、もう一度、会社のウイズダムの目的に戻ってみましょう。

なぜ、吉岡さんが違和感を覚えたのか。それは、このテーマが、この因縁果報で言えば、「会社の上場」という「果報」だけしか含《ふく》んでいなかったからです。

吉岡さん自身がどのように深化し（＝因）、周りの同僚とどのように協働してゆくのか（＝縁）ということが欠落していたのです。

また、こんなことがありました。

「魂の学」のある研鑽《けんさん》で、「仕事において力を発揮《はっき》すると思える項目《こうもく》とは何か」ということに取り組んだときのことです。

その選択肢《せんたくし》には、「知名度」「絆《きずな》」「知識・情報」「お金・資産」「願い」「地位・立場」「勇気」「信念」「愛」「思いやり」「権力」「直感」「技術」「人脈」「希望」「数字・データ」「成績・評価」「人材」「意欲」「夢」など、様々な項目が並んでいました。

吉岡さんがその中から意識することなく挙《あ》げたのは、「知名度」「知識・情報」「お金」「技術」「地位」「人脈」「人材」「数字・データ」でした。改めて振《ふ》り返ると、目に見えるものばかりだったことに気づき、愕然《がくぜん》としました。

「勇気」「信念」「愛」「思いやり」「希望」「夢」といった、人間の精神や他者との間に生まれる目に見えない力については、ほとんど意識が向かなかったのです。

因縁果報の因縁に意識を向けるためには、目に見えない力への信頼《しんらい》が不可欠です。

吉岡さんは、それまでの自分の生き方の限界を、はっきりと意識するようになってゆきます。

これから新たな職場に向かうにあたって、私がめざすべき場所、行くべき先とは、どこなのか。どのようなテーマと向かい合えばよいのか――。自問自答を重ねました。

そして、その歩みが深まる中で、吉岡さんが最後にまとめたテーマは、「自分の殻《から》を破り、社長の真の同志となることで、社会に貢献《こうけん》できる会社になる」というものでした。

その瞬間《しゅんかん》、吉岡さんの心はとてもスッキリと納得しました。まるで霧《きり》が晴れたように感じたのです。

人生の公案《こうあん》に応《こた》える因縁果報《いんねんかほう》の智慧《ちえ》

吉岡さんの心は、なぜ、そこまでスッキリしたのでしょうか。

皆さんもお気づきのように、**吉岡さんがまとめ直した「自分の殻《から》を破り、社長の真の同志となることで、社会に貢献《こうけん》できる会社になる」というテーマには、「因」「縁《えん》」「果報」のすべてが含《ふく》まれているからです。**

「自分の殻を破る」は「因」であり、「社長の真の同志となる」は「縁」、「社会への貢献」は「果報」です。

吉岡さんのスッキリ感は、因縁果報のすべてがそろったテーマを定めたことから生まれたものです。

そしてそれは、吉岡さんが求めていた「人生の本当の成功者とは、どのような人なのだろうか」という問いの解答にもつながってゆくのです。

通常、私たちは、その人が果報の次元に何を生み出したかを評価して、その人が成功者か否《いな》かを判断しています。

人生で成功を収《おさ》めた人。あなたの脳裏《のうり》に浮《う》かぶのは、誰《だれ》でしょう。

たとえば、日本発テック系グローバル企業ソニーの創業者盛田昭夫《もりたあきお》氏、マイクロソフトの共同創立者ビル・ゲイツ氏、オートバイから小型ジェットまで、独創的《どくそうてき》な技術を世界に提供する本田技研工業の創業者、本田宗一郎《ほんだそういちろう》氏……。

これらの方々は、皆、その人生を通して、他の誰もなし得ない巨大《きょだい》な果報を生み出しました。しかし、もしあなたが、この人たちの人生に魅《み》せられているとするならば、それは、その果報だけを見てのことでしょうか。

そうではなく、実は、その人が人生の途上《とじょう》で仲間とどのようにグループ力を発揮《はっき》してきたのかなども含《ふく》めて、その人の人格や生き方に魅せられているのではないでしょうか。

本当の成功者とは、「あらゆる現実の生成消滅《せいせいしょうめつ》を司《つかさど》る因縁果報のすべてをそろえて、この世界に調和と発展の現実を生み出すことができる人」をさすのです。その人の人格の深まり、周りの人たちとの信頼《しんらい》と協働のあり方に、本当の成功が現れるのです。

そして、その人は、「いかなる状況《じょうきょう》にあっても、主導権を抱《いだ》いて生きることができる人」でもあります。

因縁果報の法則の真の使い手になることは、いつでも、どこでも、自分自身が直面する事態の原因となって、新たなエネルギーの流れを生み出すことができるということです。

ぜひ、このことを心深く噛《か》みしめていただきたいと思わずにいられません。

なぜなら、ここにこそ、本章のテーマ、「『窓際《まどぎわ》』から人生を取り戻す」智慧の神髄《しんずい》が現れているからです。


ここで、吉岡さんの人生を改めて振《ふ》り返っていただきたいのです。

ヒルズ族を勝ち取ったビジネスマン時代。奥様との死別。ビジネスという観点で言えば、密度の高い人生を送りながら、定年に向かうにつれて、徐々にかつての手応《てごた》えはなくなっていたかもしれません。

しかし、それらすべてが、かけがえのない体験として、吉岡さんの中に刻《きざ》まれているのです。

吉岡さんは、それらの体験を境地として、自らの内に結晶化《けっしょうか》させることを呼びかけられています。

その体験が真の境地になったとき、吉岡さんの魂にとっての新次元が開かれてゆくでしょう。

定年なんて言っていられない――。仕事以上の仕事に、これから向かってゆかなければばならないのです。

人生の四季という成長・進化の道

さあ、いかがでしょうか。

本章の冒頭《ぼうとう》で、すべての生物に共通する成長曲線があると言いました。それは、誕生から成長を加速し、頂点に達した後、次第《しだい》に衰《おとろ》えてゆく宿命です。

人間の成長も同じ側面を抱《いだ》いています。それゆえ、私たちも、誕生、成長、衰退《すいたい》の道をたどるものと思い込んでいます。しかし、人間には、他の生物にはない心の次元、精神の次元における成長曲線があります。

肉体の成長曲線は、必ず衰える時期を迎《むか》えますが、魂の成長曲線には、衰える時期がありません。魂に限界はなく、どこまでも成長と進化を続けてゆくのです。

老いの季節を迎えても、むしろ数多くの経験を糧《かて》に、魂はそれまでにない深い進化を果たすことができます。

吉岡さんの人生が、そのことを証明しているのではないでしょうか。

吉岡さんが、会社人生の最後の1年に経験した新境地、その後、勤めることになった

図 8

会社で見出《みいだ》した因縁果報《いんねんかほう》の智慧《ちえ》――。それは、それまでの人生すべてをかけても到達《とうたつ》できなかった発見であり、境地にほかなりません。

そして、**「魂の学」には、魂は限りなく成長と進化を続けるという真実を伝える「円《えん》環的《かんてき》人生観」「人生の四季」というまなざしがあります。**

私たちは、魂の存在として、人生を幾度《いくど》も体験してゆきます。

「死んだら終わり」の人生観では、人生は直線的で限りがあるのに対して、魂の人生観では、人生は円環のように巡《めぐ》り、生死の節目《ふしめ》はあっても、終わりはなく、限りなく続いてゆきます。

私たちは誰《だれ》もが、誕生から始まり、春、夏、秋、冬という4つの人生の季節を経験してゆくのです（図8）。

人生の春は、幼年期から青年期。様々な新たな出会い、挑戦《ちょうせん》と成長の機会がもたらされる季節です。

人生の夏は、壮実年期。あらゆる意味で社会的な活動の中心となり、その使命と責任に応《こた》えてゆく季節です。

人生の秋は、老年期。活動量は少なくなりますが、それまでの積み重ねを踏《ふ》まえ、他の季節が及《およ》ばない深い質を伴《ともな》う体験ができる季節です。

人生の冬は、魂が実在《じつざい》の世界（あの世）に帰還《きかん》し、次なる人生を準備する季節です。人生に生じた後悔《こうかい》を受けとめ、新たな願いへと昇華《しょうか》させてゆく期間なのです。

重要なことは、魂にとっては、人生のどの季節も大切な意味をもっているということです。魂は、その季節でなければ味わうことのできない体験を重ねてゆきます。すべてがかけがえのない時なのです。

人は、偶然《ぐうぜん》に生まれ、生き、死んでゆく存在ではありません。魂の成長と進化という目的を抱いて、この世界に生まれ、その目的を果たそうとする存在です。誰もが、人生の四季を通じて、その目的を探求し、追求しているということです。

さらに、1つの人生を終えた後、次の人生においても再び人生の四季は巡り、私たちは、変わることなく成長と進化の道を歩んでゆくのです。

第4章 「回り道」から取り戻す

「自分が本当にやりたいことがわからない」

「自分の願いって何だろう……」

人生は、多くの人にとって迷いの森であり、迷宮《めいきゅう》のような場所。

求めるべき目的も願いも、すぐにわかるわけではない。

しかし、事態からの呼びかけを聴き、
自らの内なる声を聴き続けてゆくとき、
私たちは必ず、自分が歩むべき道を探し出すことができる。

何よりも、自分が本当に感じているところから出発すること。

それが「回り道」から人生を取り戻す鍵《かぎ》である。

願いなんてわからない

「自分の願いって何だろう」

「私は何を願っているのか」

考えてみてもわからない。心に耳を傾《かたむ》けても実感がない。

「こんなことができたら、あんなことができたらいいな……」と思っても、それが自分の本当の気持ちなのか、それとも、社会や周囲の人たちの影響《えいきょう》なのかよくわからない。やりたいこともわからないし、自分に願いなんて本当にあるのかわからない――。

あなたの周りにも、そういう青年たちがいるのではないでしょうか。

もちろん、幼少期からすでに人生を貫《つらぬ》くような願いをもつ人はいます。子どもの頃《ころ》、医者になることを願い、勉学に励《はげ》み、医学部に進んで、医師として活躍《かつやく》する人。弁護士や建築家、科学者になることを願い、努力を積み重ねて、願い通りの人生を歩む人。また、ミュージシャンや俳優《はいゆう》、スポーツ選手、デザイナーなど、彼らの多くは、人生の初期段階から夢を描《えが》き、願いを抱《いだ》いてその道を歩んでゆくと言ってよいでしょう。

しかし、その一方で、多くの若者は、「自分はそれとはまったく違《ちが》う。何が本当の願いなのかわからない」と感じているのではないでしょうか。

私の実感でも、こうした想いを抱《かか》えている青年は少なくありません。むしろ、そういう人が圧倒的《あっとうてき》多数です。自分のやりたいこと、願いについて悩むことは、現代人の特権だと言ってもよいほどです。

内向き・安定志向を強める若者たち

今から約半世紀前、米国に端《たん》を発した学生運動は、またたく間《ま》に世界中に広がり、わが国でも多くの大学で、現状否定と大学内の自治権を求めた学生運動が勃発《ぼっぱつ》。バリケードが築かれ、シュプレヒコールが繰《く》り返されていました。

団塊《だんかい》の世代と呼ばれる戦後生まれの若者たちが、社会の矛盾《むじゅん》や歪《ひず》みに異議を唱《とな》え、世界を変えようと立ち上がったのです。

しかし、その土台にあった唯物史観《ゆいぶつしかん》による革命思想の根本的な限界も含《ふく》め、やがて学生運動はセクト間の内ゲバを起こして自壊《じかい》し始め、世論の支持を失って瓦解《がかい》してゆきました。

それは、あまりにも未熟で無軌道《むきどう》な行動だったかもしれません。

しかしそこには、確かに「若者」らしい情熱と行動力があり、若者たちが熱狂した1つの時代を形づくっていたように思います。

それから半世紀の時が流れた今、そのような青年像は遠い過去のものとなりました。今日《こんにち》の若者たちの姿は、まったく異なるものとなっています。

日本では、1990年代から経済の長期停滞《ていたい》が続いて成長が限られ、社会構造が固定化して新しい人たちの活躍《かつやく》の場が失われていること、しかも人口動態のアンバランスから若い世代に最適化された政策は望めないなど、ことごとく若い世代には生きにくい社会になっていて、前向きにはなりにくいことも、その一因かもしれません。

企業では出世を望まず、ほどほどの収入があればOK。さらには「仕事らしい仕事をしなくてよい窓際《まどぎわ》社員のようになりたい」という若者が増えていると言います。

未来や社会への関心を広げたり、新たな時代への挑戦《ちょうせん》の情熱を抱《いだ》いたりする青年はごく一部。多くの若者たちは、現状を肯定《こうてい》しながら、自分の周辺の安定や安心という内向きの関心にとどまる傾向《けいこう》があることが指摘《してき》されています。

SNS《エスエヌエス》に熱心な若者たちの中には、インスタグラムやTikTok《ティックトック》を賑《にぎ》わせる人たちやインフルエンサーと自分を比べて劣等感を抱き、自己否定に傾《かたむ》いてしまう人たちも少なくないと言います。

また、ＯＥＣＤ《オーイーシーディー》（経済協力開発機構）によると、海外で最先端《さいせんたん》の知見《ちけん》を学び、未来を切り開く力になる日本人留学生の数は、ピークとなった２００４年以降、２０１１年までの７年間で約30％も減少し、それ以降も減少し続けているという現実があります。

米国や英国と比較しても、日本の若者の科学技術に対する興味や関心は低いとされ、科学技術によって未来の開拓《かいたく》を志す理工系大学の人気はいまひとつです。わが国では、以前から「理系はマイナー」という印象が強く、大学受験での理工系希望者や、理系の履修者《りしゅうしゃ》の数も低下し続けている傾向があります。

文部科学省が発表する学校基本調査によると、学生数に占める大学院生の比率は、理学部３・５％（平成９年）→３・４％（平成19年）→３・１％（平成29年）、工学部１９・５％（平成９年）→１６・７％（平成19年）→１４・９％（平成29年）と低下しています。

もちろん、積極的に、人文社会系への進学を望む学生もいることでしょう。しかし、理系は、数学や物理など、より多くの試験科目をこなさなければならないことから、消極的選択肢《せんたくし》として、人文社会系へ進む学生も少なくないように思います。

こうした根強い理系離れも、若者たちの不活性の兆候《ちょうこう》の１つと言えるのではないでしょうか。
内閣府《ないかくふ》による「特集 今を生きる若者の意識～国際比較からみえてくるもの」（2013年の国際調査に基づく）には、総じて、わが国の若者たちの不活性の状況《じょうきょう》が現れています。

諸外国に比べて、「うまくいくかわからないことに意欲的に取り組む」という意識が低く、やる気が出ないと感じる若者が多い。

諸外国と比べて、「悲しい、憂《ゆう》うつだ」と感じている者の割合が高い。

社会問題への関与《かんよ》や自身の社会参加について、日本の若者の意識は相対的に低い。

諸外国に比べて、自分の将来に対する明るい希望をもっていない。……

そもそも、人生や未来に対する夢やヴィジョンを描《えが》くこと自体が、多くの若者にとって、特別なことになってしまっているのではないでしょうか。

回り道は失敗なのか――いじめから始まった人生

現在、理学療法士《りがくりょうほうし》（PT）として病院に勤務する増田裕《ますだゆたか》さんも、人生を貫《つらぬ》くような願いが初めからわかっていたわけではありません。むしろ、傍《はた》から見れば、どこへ行ってしまうかわからないような紆余曲折《うよきょくせつ》の人生を歩んでこられた方です。

そんな増田さんの人生は、私たちに「回り道は失敗なのか」と問いかけているように思えるのです。

ここで大切なことは、回り道をする人生にも、異なる2つのタイプがあるということです。

1つは、道に迷う中で、その人の中心が失われていってしまうタイプです。人生を行ったり来たりする中で、その人の内にある願いが忘れ去られ、自分が何のために生きているのかがわからなくなる――。人生の目的を見失ってしまうのです。

もう1つは、一見、紆余曲折の道をたどっているように見えても、その人の中心はますます強く、深くなってゆくタイプです。人生に迷い、様々な困難にぶつかる中で、その人の内側にまどろんでいた願いが研《と》ぎ澄《す》まされ、人生の目的が明確な輪郭《りんかく》をつくり出してゆくのです。

1つ目のタイプの袋小路《ふくろこうじ》に足を踏《ふ》み入れてしまうと、私たちは、自らの大切な人生を手放《てばな》してしまいかねない危機を迎《むか》えることになります。

回り道から人生を取り戻す――。

そのためには、何としても、2つ目のタイプの歩みを始めなければなりません。

では、この2つを分けているものは何でしょうか。

そのヒントを与《あた》えてくれるのが、増田さんの人生なのです。

増田さんの人生は、思いがけない苦難から始まりました。

小学校に上がる頃《ころ》、父親が会社からアメリカ留学を命じられ、家族も一緒《いっしょ》にアメリカに渡って、3年半を異国の地で暮らすことになりました。

米国では、小学生同士ということもあり、すぐに皆と仲よくなりましたが、言葉の壁《かべ》もあって、「同じではないんだ」「ちょっと違《ちが》うんだ」という空気をいつも感じていた増田さんでした。

自分は日本人であり、米国人にはなれない。時が経《た》てば、この国を離れて、日本へ帰ることになる。最終的には、自分はこの人たちの輪の中には入れない。そんな気持ちでした。

ようやく日本に帰ることになった増田さんは、これで「皆と普通に友だちになれる」と思いました。

ところが、帰国後、仲間との違いを一層強く感じることになったのです。

故郷の香川《かがわ》県には、帰国子女《きこくしじょ》はほとんどおらず、そこにいるだけで目立ってしまいました。周りから「何だ、お前は」という感じでいじめられたのです。

幼い頃から米国にいた増田さんは、当然のことながら、英語の授業ではネイティブに近い発音になります。しかし、それがかえって目立ってしまい、増田さんは、周囲を気《き》遣《づか》って、わざわざ日本語なまりの発音をしていました。

小学校６年生のとき、クラスが学級崩壊《ほうかい》を起こします。担任の先生は円形脱毛症《だつもうしょう》になり、声が出なくなる。そんな中で、いじめがあっても誰《だれ》も助けてくれず、いじめはどんどんひどくなっていったのです。

先生がいないところでは、パンツ１枚で走り回らされたり、女子トイレに閉じ込められたりしました。

当時、いじめに遭《あ》って自ら命を絶《た》つというニュースがたびたび報じられていました。増田さんも、「自分もいつかそうなるのではないか……」。そこまで追い込《こ》まれていたのです。

『新・祈りのみち』が心の支えだった

増田さんが向かい合わなければならなかったのは、こうした現実の中で、心に根を張ったニヒリズムでした。

自分は、どこにいても、人の輪の中に入ることができない。心のよりどころ、根づく場所を失い、虚無《きょむ》の空洞《くうどう》を抱《かか》えることになったのです。

そんな状況《じょうきょう》の中で、増田さんの心の支えとなったのは、拙著《せっちょ》『新・祈りのみち』でした。

この本の最初のパートには、「怒りが湧《わ》き上がるとき」「被害者意識にとらわれるとき」「不安と恐怖を抱《いだ》くとき」「優越感《ゆうえつかん》・特別意識を抱くとき」「面倒《めんどう》・億劫《おっくう》に感じるとき」など、私たちの心を束縛《そくばく》して平安を乱す様々な想いに向き合う項目《こうもく》が並んでいます。

『新・祈りのみち』を初めて手にしたとき、小学生の増田さんは「むずかしい」と思いました。それでも、「今は、全部はわからないけれど、もっと勉強したらきっとわかるようになる」と、自分を励《はげ》ましていたのです。

「ここには、将来の自分の想いが書かれているんだ。これは予言の書。その想いから自分を守ってくれるものなんだ」

増田さんは、この本をいつもカバンに入れ、手放《てばな》すことなく持ち歩いていました。「『新・祈りのみち』さえあれば安心。どんなにいじめられても、『新・祈りのみち』という友だちがいる」。そんな気持ちになってゆきました。

ニヒリズムが消えていた――アトラクションチームでの活動

人生の初期に増田さんが抱《かか》えた困難は、自分が根づく場所をもてない苦しみでした。自分は、米国人のコミュニティにも、日本人のコミュニティにも、属することができない――。

その増田さんが、最初に心を寄せることになったコミュニティが、ＧＬＡでした。ＧＬＡは、増田さんの心の支えだった『新・祈りのみち』を活動の土台に置いています。増田さんは、ＧＬＡで触《ふ》れ合う仲間たちと、それまでとはまったく異なる関係を結ぶことになります。

自分が感じたことを伝えると、仲間はそれをきちんと受けとめてくれる。話を途中《とちゅう》で遮《さえぎ》ったり、優位に立とうとマウントを取ってきたり、対抗《たいこう》してきたりする人もいません。自分はここにいて大丈夫《だいじょうぶ》――。深い安心感が生まれました。

GLAには、35歳までの若い世代の人たちが研鑽《けんさん》する「青年塾」があります。増田さんは、「これから青年塾の活動を続けよう」。そう心を定めました。

1年の中で、青年塾の最も重要な活動は、夏、八ヶ岳山麓《さんろく》で行われる「かけ橋セミナー」（小学生から高校生までの子どもとその親御《おやご》さん対象）における実践《じっせん》です（「かけ橋セミナー」については、拙著《せっちょ》『自分を知る力』第1章、第6章を参照）。

「かけ橋セミナー」で、青年塾生は、主に3つのはたらきを担当します。①子どもたちのお世話をするエイジェントチーム、②野外研修を担《にな》うフィールドチーム、③セミナーのオープニングや研修の合間にダンスを披露《ひろう》し、場のエネルギーを引き出すアトラクションチームです。

高校生は基本的にアトラクションチームという原則があったため、増田さんもアトラクションチームに参加し、1999年、高校2年のときには、チームの中心メンバーになっていました。

仲間たちとの活動は楽しく、増田さんの周りにはいつも友情の輪がありました。人に対する距離感《きょりかん》は、いつの間《ま》にか消えていたのです。

その年の「かけ橋セミナー」での私の講演の後、例年のように、何人もの子どもたちと青年たちが私の前に進み出て、これからの人生で、何を選び、どう生きたいのか、自分の願いを発表する時間がありました。増田さんもその1人として、私の前で想いを込めて、「これからの1年、自分はこう生きてゆきます」とまっすぐに願いを語りました。

そのときのことを、私は今でも忘れることができません。

増田さんが語る想いに耳を傾《かたむ》けながら、私はこう伝えました。

「増田君、かつてのニヒリズムはどこに行ったんだろう?」

そう言われた瞬間《しゅんかん》、増田さんは、自分の中にあったあの重苦しい想いが、きれいに消え去っていることに気づいたのです。

「自分の中に、もうまったくない。いつの間にかなくなっている!」

熱い想いとともに、涙があふれてきました。

増田さんの中にあった、自分はどこにも属することができないというニヒリズム。しかし、増田さんは、GLAという共同体の一員として、多くの人たちとの絆《きずな》を感じ、そこに確かに根を下ろしている自分を自覚したのです。

そして私は、「増田君と同じように、ニヒリズムで他人が信じられない人がどれだけたくさんいるだろうか。そういう人たちを助けるために準備をしてゆこう」。そうお話ししました。それは、増田さんにとっても忘れがたい体験となりました。

「自分は今、確かにここで生きている――」

言葉を超えて強く実感し、確信したのです。


できるかどうかではなく、本当にやりたいかどうか――クラシックバレエへの道

増田さんは、幼い頃《ころ》から自然が好きだったこともあり、地球環境問題への関心から農学部の受験を考え、香川《かがわ》大学の農学部に進学しました。

当初、増田さんの中では、「東京の国公立大学に行かないとダメ」という気持ちが強くありました。ですから、「受験は失敗」という気持ちが残っていたのです。

増田さんの父親は、会社に勤めてからアメリカのMIT《エムアイティー》（マサチューセッツ工科大学）に留学した優秀な方で、増田さんにとって、大好きな尊敬の対象であるとともに、目標でもありました。そのことも、挫折感《ざせつかん》を強めたかもしれません。

増田さんの人生の回り道は、ここから始まります。

先にお話しした、回り道をしながら自らの中心を確かにしてゆくタイプを生きる鍵《かぎ》は、

自分自身の「心の声」に耳を傾《かたむ》けることであり、それが、本章のテーマ『回り道』から人生を取り戻す」ための智慧《ちえ》にほかなりません。

増田さんは、大学受験に関して不本意な気持ちを抱《かか》えながらも、大学の4年間、様々な活動に取り組み、夏は、青年塾生として「かけ橋セミナー」のアトラクションチームで鍛錬《たんれん》を重ねました。

その中で、目が覚《さ》めるような強い印象を受けた出来事があります。

それは、クラシックバレエをやっていた先輩《せんぱい》の存在でした。

基礎《きそ》から徹底的《てっていてき》に磨《みが》かれたその動きは、揺《ゆ》るぎなく、本当に美しい――。

強い感動を覚えた増田さんは、「自分もあのように水準を高めたい」と思ったのです。

そして、何と、大学に通《かよ》いながら、ホテルのウェイターのアルバイトで費用を稼《かせ》ぎ、クラシックバレエに本格的に取り組むために、専門学校に通うようになったのです。

多くの読者は驚かれるのではないでしょうか。

無謀《むぼう》な選択《せんたく》だと思われる方も少なくないでしょう。

クラシックバレエの道を志す人は、3歳から5歳ぐらいで始めることが多く、心身の発達と調和のゴールデンエイジと呼ばれる9歳から12歳ぐらいまでが開始時期の限界とも言われているのです。

特別な素質や才能に恵《めぐ》まれているわけでもない。それなのにどうして、やったこともないクラシックバレエに本格的に取り組もうと挑戦《ちょうせん》したのでしょうか。

それは、これまで増田さんが体験してきたことの中で、もっとも輝《かがや》く時間をもたらしてくれたものだったからです。

そして、それこそが、当時の増田さんの心が発していた声だったのです。

できるかどうかではなく、本当にやりたいかどうか。

我《われ》を忘れるほど求め、夢中になれることが、魂の願い、人生の仕事にもつながってゆくものです。なぜなら、そこに、永遠の生命として、今この瞬間《しゅんかん》を完全燃焼《ねんしょう》して生きる自分が現れるからです。

増田さんにとって、その選択がクラシックバレエでした。

そして、それを選べたのは、増田さんが、それまでの人生を通して、自分の中にあったニヒリズムを解消したことが大きかったように思います。

増田さんはこのとき、自らの心の声を聴き、それに応《こた》える人生を歩む一歩を踏《ふ》み出したのです。

しかし、それは至難《しなん》の道となりました。

前述したように、クラシックバレエは、幼い頃《ころ》から大変な時間とエネルギーをかけて習得してゆくもので、柔軟《じゅうなん》でしなやかな身体を維持《いじ》することが絶対条件です。しかもプロへの道は本当に狭《せま》き門であり、20歳から始めた増田さんは、身体的にも経済的にも限界を感じざるを得ませんでした。

心の声を聴く――人を輝《かがや》かせるピラティス・インストラクター

「この道を続けることはむずかしい。けれども……」

ここで増田さんは、再び、自分自身の心の声に耳を傾《かたむ》けるのです。

「これからどの道を歩んでゆけばよいのだろうか」

そして、考え抜いた末、ピラティス・インストラクターの道に進むことにします。ピラティスとは、ヨガの要素などを取り入れながら、インナーマッスルや体幹《たいかん》を鍛《きた》えて、身体の健康をめざすエクササイズです。本場ニューヨークのダンサーに受け入れられたことが、現在のピラティスの人気につながってゆきました。

「自分がバレエのダンサーの道を極《きわ》めることはむずかしい。だから、自分が踊《おど》って輝くのではなく、踊っている人を輝かせる仕事をしよう」

増田さんは、そう考えたのです。

増田さんをクラシックバレエダンサーへの道へ向かわせたのが「心の声1」であったとすれば、増田さんは、ここで、「心の声2」を聴くことになりました。

2008年、就職したのは、ピラティス業界でも屈指《くっし》の有名な会社でした。

新人時代は休みが取れず、仕事一色の毎日を送ることになります。

そして、努力して資格を取り、インストラクターとしてスタートするときを迎《むか》えました。

しかし、増田さんには、まだ何の実績も人気もなく、「ユタカがレッスンをします」と言っても、誰《だれ》も予約してくれません。当然と言えば当然でしょう。

上司から、「じゃあ、お前は1万枚ポスティングやるように」と言われ、重いチラシの束《たば》を持って、1日1万枚のポスティングをすることになりました。

来る日も来る日も郵便受けにチラシを入れながら、「俺《おれ》はいったい何をやっているんだ」と、自分がみじめに思えて、泣けて仕方《しかた》がありませんでした。

しかし、願いが揺《ゆ》らいだわけではありません。魂としての存在を実感し始めた増田さんにとって、願いは特別なもの。その時々で明らかになっていった願いは、何にもまして大切な、自分の中心に置くべきものでした。

増田さんは、この困難にも挫《くじ》けることなく、ピラティスの勉強を重ね、懸命《けんめい》にその技術を高めてゆきました。どんな細かい点もゆるがせにせず、自分が納得するまで探究を続けました。その結果、生徒さんたちにも、正確かつ丁寧《ていねい》な指導ができるようになっていったのです。

すると、徐々に自分のクラスの人気が出始め、40人のグループレッスンで教室が埋《う》まるようになりました。

場所が東京の中目黒ということもあり、芸能人や経営者、デザイナーなど、業界のフロントランナーも訪れ、さらに2014年には、資格取得のために渡米。カリフォルニアでマスターと呼ばれる人の指導を受けることになったのです。

その頃《ころ》には、約80人の社員の中でトップの成績になっていました。

もう1度心の声を聴く——こういう人たちを助けたかった

しかし、ここでも増田さんは、心の声を聴こうとするのです。

それは、「心の声3」でした。

ここで、私たちが知らなければならないことは、この「心の声3」は、それまでの「心の声1」「心の声2」とは、異《こと》なった性質をもっているということです。

「心の声2」を聴いたのは、ダンサーの道が閉ざされ、ピラティス・インストラクターへの道を歩もうと決めたときでした。人生のY《ワイ》に遭遇《そうぐう》し、まさに八方塞《はっぽうふさ》がりの中で立ち止まり、心の声を聴かなければならない状況《じょうきょう》だったのです。

「心の声1」のとき、その声を聴こうとした動機は、プロジェクトの原則からアトラクションチームに入り、そこで順調に中心的なメンバーとして活動する中で、先輩のダンスに感動し、「自分もダンスを深めたい」と思ったことでした。内側から生まれたものでしたが、外側の状況が後押ししてくれ、それに支《ささ》えられていたものでした。

しかし、「心の声3」を聴くことになった事情は違《ちが》います。

仕事は順調に推移し、人生のX《エックス》の中にいるときだったにもかかわらず、あえて立ち止まったのです。外側の状況は、そのまま進んでよいと示していたはずです。

では、なぜ増田さんは、このとき、自分の心の声に耳を傾けようとしたのでしょうか。

それは、増田さんが、自らの内側に「このままインストラクターの道を歩んでよいのだろうか……」と、スッキリしないものを感じていたからです。まさに、外からの要請《ようせい》でも後押しでもなく、内側から湧《わ》き上がった必然でした。

人は、その時々に自分が関心を抱《いだ》くこと――「こうしたい、ああしたい」という夢や願望を感じることはできても、人生を貫《つらぬ》く願いに近づいてゆくことは容易ではありません。

増田さんの心の奥に疼《うず》いていた違和感《いわかん》。それをはっきりと自覚したのは、GLAの壮《そう》実年《じつねん》の方々のためのセミナーに参加していたときでした。

セミナーの講演で、私は、あるご婦人の実践《じっせん》報告をさせていただきました。会場では、娘さんの介護《かいご》のもと、身体の不自由なご主人がストレッチャーに乗って講演を聴かれていました。突然の病で倒れ、九死に一生を得たご主人でしたが、その後、自分1人では、何もできない状態になってしまったのです。

その姿を見た増田さんは、「今の自分の仕事では、あの方は助けられない」。そう思ったのです。

なぜ、そんなことを考えたのかはわからない。しかし、瞬間的《しゅんかんてき》にそのことを悟《さと》ってしまったような、不思議《ふしぎ》な感覚でした。

自分は、ピラティス・インストラクターの仕事を通して、多くの方の身体を元気にしたいと願って仕事をしてきた。皆さんから信頼《しんらい》されるようにもなった。でも、自分が本当にしたかったのは、あのご婦人のご主人のように、本当に厳しい試練の中で困っている人の身体を元気にしてさしあげることなのではないのか――。

そう思い至ったとき、増田さんの心は本当にスッキリしたのです。

願いは「困《こん》・人」だった――「願いの6次元表」

セミナーで自らの願いを再発見した増田さんは、東京に戻ってきてから改めて自分自身を見つめ直しました。そのとき、力を与えてくれたのは、「魂の学」の「願いの6次元表」です（図9）。

願いをつかむための第1の鍵《かぎ》は、そこに向かう熱意であり、求心力《きゅうしんりょく》であり、疼《うず》きです。自分の中のもっとも強い想い・願いを見つめるのです。それと同時に、「魂の学」では、願いを「はたらき」として捉《とら》えるというステップを設けます。

どういうことかと言えば、同じ「教師」になることを選んだ人の中にも、子どもたちに大切な真実を「教えたい」というはたらきを願って選んだ人もいれば、子どもたちを

願いの６次元表

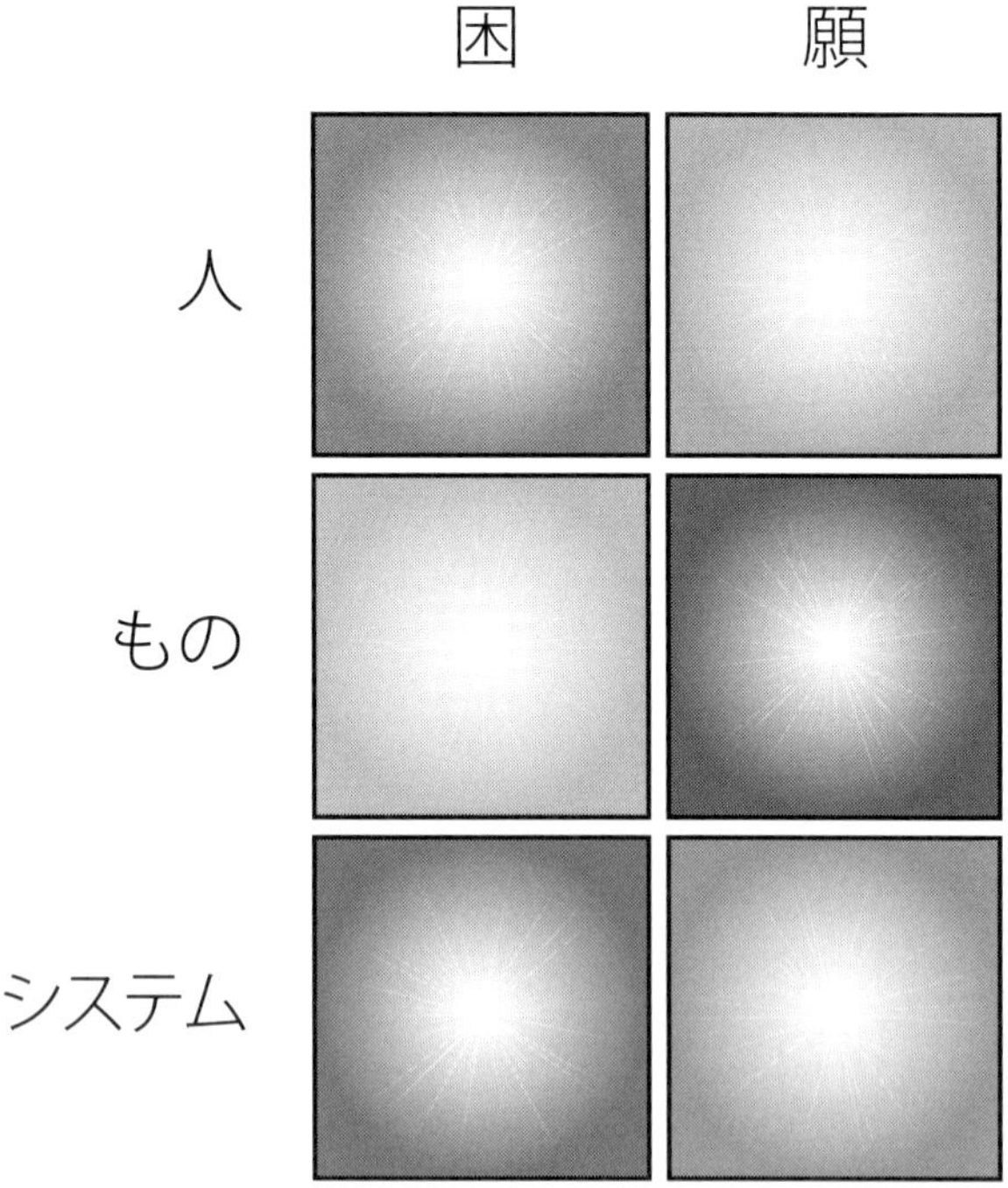

図９

「育みたい」というはたらきを願って選んだ人もいます。逆に、同じ「守りたい」というはたらきの願いを抱《いだ》いていても、警察官をめざす人もいれば、保育士や看護師、あるいは環境学者になる人もいます。「はたらき」で考えることが、願いをより明らかにするのです。

増田さんの例で言えば、ダンサーとピラティス・インストラクターになりたいという願いは、一見、まったく異なるものに見えます。そう受けとめるなら、その2つはつながりようがありません。しかし、そこには、「輝《かがや》き」という共通項《こう》があり、「はたらき」としては、「自分が輝いて人に感動を与《あた》える」と「人を輝かせて歓《よろこ》びを与える」という表裏のつながりがあることがわかるのです。そのように「はたらき」から考えると、表面的な形だけではない願いの本質にアクセスすることができるということなのです。

そして、「はたらき」で考えてゆくと、私たちの願いには、基本的に、「問題を解決したい」という方向性と、「新たな現実を創造したい」という方向性の2つがあることがわかります。前者を、困難な現実に関わるということで「困」、後者を、端的《たんてき》に願いに関わるということで「願《がん》」と呼びます。

次に、その願いの対象が「人」か「もの」か、あるいは制度やしくみなどの「システ

ム」なのかを考えてみるのです。

以上を合わせると、2通り×3通りで6次元になります。

①「困」か「願」か、②「人」か「もの」か「システム」か。

この2つのカテゴリーは、一方が100%で他方が0%ということはありません。常にそれぞれの割合が、その人の願いの傾向《けいこう》をつくっているのです。

この6次元表を手がかりにして、捉えがたい「願い」を探してゆくことができます。

増田さんは、自分の願いが、元気な人をより元気にしたり、輝かせたりする「願・人」ではなく、困っている人を助けたり、その問題を解決したりする「困・人」であることがわかって、さらにスッキリとしました。

そして、自らの心の声にまっすぐに応《こた》えようと、理《り》学療《がくりょう》法《ほう》士《し》（PT）をめざす決心をしたのです。今のピラティスの仕事をしながら、奨学金《しょうがくきん》を借りて夜間の専門学校に通《かよ》うことにしました。

理《り》学療《がくりょう》法《ほう》士《し》の世界へ

ピラティスでは実績もでき、多くの後輩《こうはい》たちを指導する立場になった増田さん。そのレッスンには、受講者だけではなく、インストラクターの後輩たちも勉強のために見学に来るほどになっていました。

しかし、理学療法士をめざす道では、立場が逆転します。若い人の中に混《ま》じって、年下の人が先輩《せんぱい》になる。資金的にも体力的にも、かなりきついものでした。

しかし、それでも増田さんの志が揺《ゆ》れることはありませんでした。ピラティスの選択《せんたく》のときに触《ふ》れたように、増田さんにとって願いは特別なもので、それを大切にする想いはますます深まっていたからです。

そして、４年間で専門学校を修了、国家資格を取得して、２０１９年４月からリハビリ専門病院に入職することになります。

ピラティス・インストラクターとして順調に仕事をしていた中での退職。

周囲の人たちからは、「なんで辞《や》めるの？」と不思議《ふしぎ》がられました。

増田さんが赴任《ふにん》することになった専門病院は、リハビリに関わる方々の間では知らない人がいないほど著名《ちょめい》な病院です。

採用時も３倍の難関でした。しかし、増田さんは面接で、それまで自分がどのように人生を歩んできたか、言い換《か》えれば、どのように自分の心の声に耳を傾《かたむ》けてきたかを、熱意を込めて語ったのです。

面接官も、その増田さんの気持ちに深く共感されたのではないでしょうか。

なぜ増田さんは、ある意味で業界最高水準の場所で仕事をすることを願ったのでしょうか。それは、増田さんの心の声を聴く人生の旅は、ここで終わりではないからです。

今、増田さんは、ますます魂としての生き方を確かにしつつあります。読者の皆さんは、増田さんが、人生の折々に試練に直面しながら、どうして願いを特別なものとして大切にできたのか、不思議に思われたかもしれません。

しかし、増田さんにとっては、試練がやってくるのは当たり前、それにどう応《こた》えるかが人生を生きるということであり、その魂の重心を獲得《かくとく》していたからなのです。

「永遠の生命の人間観から見れば、肉体は、魂がこの世（現象界《げんしょうかい》）で修行をするための条件。そういう人間観をもって、患者さんと関わる理学療法士が絶対に必要なはず。そのための境地と智慧《ちえ》を育むことができる場所で、自分は実践《じっせん》をしたい――」

「いずれ、人間を魂と受けとめる病院ができる。そこでは、魂・心・肉体という全体から生命《いのち》を考える――。そうしたら、自分は、そこでリハビリを担当する理学療法士になりたい――」

それが増田さんの内から響《ひび》いてくる心の声にほかなりません。

「回り道」が人生の目的に導いた――啐啄同時《そったくどうじ》の道

増田さんがたどってきた道を眺《なが》めるとき、多くの人は、「大変な紆余曲折《うよきょくせつ》の人生だ」と思われるかもしれません。「何という回り道なのか」と驚く方もいらっしゃるでしょう。「こんな無謀《むぼう》なことをしながら、よく生きてゆけるな」と感じるかもしれません。

しかし、増田さんがたどった道は、一見、無謀に見えますが、ある意味で一貫《いっかん》した道であり、本当に誠実な道だったと私には思えます。

現代の多くの若者と同じように、当初、増田さんは、自分の願いが何なのか、わかりませんでした。

大学受験が思い通りに進まず、農学部の生物生産学科に進みましたが、本当に心に響《ひび》いたのは、青年塾のアトラクションチームの体験でした。

増田さんは、ここで「心の声1」を聴きます。

そこから、無謀にもクラシックバレエを習い始めますが、そこで乗り越えられない限界が現れます。人生のY《ワイ》です。心からバレエを求めていた増田さんにとっては、巨大な

環境問題を志して大学は農学部に進学、在学中にクラシックバレエのプロをめざして専門学校に通うものの、あまりの困難さに挫折。今度はピラティス・インストラクターの道を歩み始め、さらには理学療法士に転身した増田さん。大変な回り道に見えるその歩みが、実は、内なる心の声に導かれた1本のまっすぐな道であったことを、著者は講演における実践報告で明らかにしていった。

試練、ビッグYだったかもしれません。

そのとき、増田さんは、Yからの呼びかけを聴こうとしました。

増田さんは、ここで「心の声2」に耳を傾《かたむ》けます。

そして、自分が輝《かがや》くのではなく、周囲の人たちを輝かせる生き方を選びました。

それは、単に挫《ざ》折《せつ》したから別の道を探したということではありません。啐啄同時の選《せん》択《たく》であったということなのです。


啐啄同時とは、卵からヒナが孵《かえ》るとき、ヒナと親鳥が同時に卵の殻《から》をつつくことに由《ゆ》来《らい》しています。親だけが卵をつついて生まれさせようとするのではなく、ヒナ自身も内側から殻をつついて生まれ出ようとすることから、私たちの心（内界）と世界（外界）が、同時に新たな段階への移行を促《うなが》していることを表す言葉です。


このとき、増田さんは、「輝くのは自分でなくてもよい。周囲の人たちでもまったくかまわない」。そういう心境を育てていました。

だからこそ、ピラティス・インストラクターの選択という、啐啄同時の導きが訪れたのです。自分の内側の促しと外側からの呼びかけが1つにつながった瞬《しゅん》間《かん》だったのではないでしょうか。

増田さんは、ピラティス・インストラクターとして努力を重ね、会社でトップのインストラクターになりました。これは人生のX《エックス》だったでしょう。けれども、GLAのセミナーでの体験に「呼びかけ」を感じた増田さんは、「困難を抱《かか》える人たちを助けたい」と、Xの心地よさに立ち止まることはありませんでした。

そこで増田さんは、「心の声3」を聴くことになったのです。

その結果、「元気な人をより輝かせたい」というよりも、「困難を抱えた人たちをこそ助けたい」という願いを発見し、理学療法士《りがくりょうほうし》としての歩みをゼロからスタートさせたのです。

本当に感じていることは何か――人生を導く「心の声」

増田さんの人生を導いてきた心の声――。

「心の声1」は、「自分の人生を輝《かがや》かせたい」という声でした。

「心の声2」は、「輝くのは自分でなくてもよい。他人の人生を輝かせたい」という声でした。

そして、「心の声3」は、さらに進んで、「人生を輝かせたいその他人とは、困難を抱《かか》えた人」という声でした。

ここで大切なことは、増田さんは、別々の3つの声を聴いたわけではないということです。

「心の声2」が命じた「他人の人生を輝かせたい」という気持ちは、実は、「心の声1」が命じた「自分を輝かせたい」という気持ちを内包《ないほう》しています。なぜなら、他人を輝かせることによって、結局は、自分も輝くことになるからです。

同じように、「心の声3」は、「心の声2」と別の方向を示しているわけではありません。「心の声2」が命じた場所のさらにその先に進むことを命じているのです。

結局、3つの心の声は、1つの願い、1つの志、1つの目的に貫《つらぬ》かれているということです。

増田さんの人生の表層に現れる形——履歴書《りれきしょ》の学歴や職歴に示される人生の経緯《いきさつ》だけを見ていれば、それは、人生の回り道の様相を呈《てい》しているかもしれません。

しかし、人生の外殻《がいかく》だけを見ていては、真実に触《ふ》れることはできないのです。

人生の道すじを導いてきた増田さんの願いや志はどうでしょう。

3つの心の声の深まりを知るとき、私たちは、増田さんの人生は、その心の声に導かれて、より強く、よりたくましく、より深く導かれていったことに気づきます。

今、増田さんは、それが人生をかけて取り組みたいテーマ――人生の目的につながるものだと感じているのです。

これが、「回り道」から人生を取り戻した増田さんの歩みです。

自分が本当に感じていることに忠実に歩む「回り道」が、増田さんを本当の人生に導いたと言えるのではないでしょうか。

これからも様々な困難に出会うでしょう。しかし、そこでも「心の声4」「心の声5」を聴いて、最善の道を探してゆくことができるに違《ちが》いありません。

増田さんは、この人生で、何回、自らの心の声に触れる機会を与えられるでしょうか。

それらの声を聴いて、人生をどの地点まで進めることができるでしょうか。

それは、読者のあなたも同じです。

人生とは、迷いの森であり、迷宮《めいきゅう》のような場所です。

自分の願いも求めるべき目的も、すぐにわかるわけではありません。

しかし、増田さんの人生は、それでも道があることを教えてくれます。

その道を歩む秘訣《ひけつ》は、

・願いがあることを信じる

・人生のX《エックス》もY《ワイ》も無駄《むだ》にはならないことを知る

・試練や岐路《きろ》に直面したら心の声を聴く

・具体的な仕事の前に、「はたらき」を考えてみる

最短距離ではないかもしれません。でも、自分が本当に感じていることを大切に、事態からの呼びかけを聴き、自らの内なる声に耳を傾《かたむ》けて歩むとき、私たちは、必ず自分が歩むべき道を探し出すことができるのです。

第5章　「落ちこぼれ」から取り戻す

学校の勉強についてゆけず、
「落ちこぼれ」となって自信を失い、
「どうせ自分なんか……」と卑下《ひげ》してしまう。
社会に出て競争に負ければ「敗者」の烙印《らくいん》を押され、
不平等な運を嘆《なげ》くしかない日々――。
しかし、その束縛《そくばく》から自由になり、運命を逆転させる道がある。
その鍵《かぎ》は、「魂の学」の人間観・世界観を確立すること。
その一貫《いっかん》したまなざしが、「落ちこぼれ」「敗者」から
本当の人生を取り戻すことを可能にするのである。

何が能力を決めるのか

人間の能力やパーソナリティは、人それぞれに違《ちが》っていて、単純に比較《ひかく》することはできないことを多くの人が承知しています。

しかし、これ以上できないと思うほど努力して試験に臨《のぞ》んでも結果が出なかったり、自分がどんなに努力してもできないことをいとも簡単にやってしまう人を見たりすると、私たちは、人間の能力とはいったい何なのか、考えてしまうのではないでしょうか。

近年、科学的研究が進んだ結果、人間の能力を決定している要因が明らかになりつつあると言われています。その一端《いったん》は、第2章で触《ふ》れたように、「遺伝《いでん》」と「環境」が人間の能力を支配しているという見解です。

「遺伝」とは、親から子へ様々な形質《けいしつ》や能力が伝わる現象《げんしょう》です。両親からの遺伝子によって、体型や容姿《ようし》、知能や運動能力など、様々な資質や能力が一定の割合で引き継《つ》がれてゆきます。

一方、「環境」とは、生まれた後の環境によって能力や可能性が引き出されることをさします。ここには、本人の努力も含《ふく》まれます。

個々の項目《こうもく》によって影響《えいきょう》の度合いは変わりますが、今日では、「遺伝」と「環境」の影響はおよそ半々と言われています。

遺伝《いでん》と環境という2つの要因

しかし、人間がもつ力への「遺伝」の関与《かんよ》は、さらに大きなものとして受けとめられつつあります。

かつては、天賦《てんぷ》の「才能」と対比的に語られてきた「努力」する力にも、遺伝子が大きく関与していることが明らかになっているのです。

それは、私たちが生まれ育つ環境も同じです。

第2章で述べたように、生《お》い立ちと家庭環境が、学力と大きく結びついているという報告があります。経済的に裕福《ゆうふく》で、愛情豊かな環境で育った子どもと、貧しく愛情のない環境で育った子どもでは、学力に大きな違《ちが》いが出てしまうというのです。

安心した環境が与《あた》えられないと、子どもは勉強に集中できません。それは「心理的安全性」の大切さを物語っています。

心理的安全性とは、組織やグループの中で、他人の反応を怖《こわ》がったり、恥《は》ずかしいと感じたりせず、自分の考えや気持ちを誰《だれ》に対しても安心して発言できる状態のことで、近年、それが会社やグループの生産性に大きく関わっていることが知られるようになりました。

いかに与えられる環境が大切かということでしょう。私たち人間の努力は、その「環境の影響《えいきょう》」込《こ》みのものであるということです。つまり、どれほど頑張《がんば》っても、私たちの努力は「環境」の因子《いんし》の半分に過ぎないのです。

自分がまったく関与できない遺伝、半分しか関与できない環境が、人生を決定的に左右してしまうとしたら、あまりにも残酷《ざんこく》な現実ではないでしょうか。

「敗者」「落ちこぼれ」は決定的な烙印《らくいん》か

1997年に公開された、遺伝子《いでんし》ゲノムによる管理社会を描いた『ガタカ』（GATTACA）というSF映画がありました。

遺伝子工学が発展した近未来、人工授精《じゅせい》と遺伝子操作《そうさ》によって優れた知能・体力・外見の遺伝子を組み合わせて生まれた「適正者」が、社会のエリートとしてあらゆる面で優遇《ゆうぐう》され、一方、自然出産によって生まれた「不適正者」は、様々な不利益を被《こうむ》ることになっています。

物語は、両親が自然出産を望んだことで、不適正者として生まれた主人公の若者が、宇宙飛行士になるという夢をかなえるために、事故で半身不随《はんしんふずい》になった適正者の協力を得て偽《にせ》の適正者になりすまし、宇宙局「ガタカ」の一員となり、その夢を果たすというものです。

主人公は、協力者と同じ家に住み、日々、その血液と尿《にょう》を手に入れて、それを検査のたびに流用することで、繰《く》り返される検閲《けんえつ》をくぐり抜け、やがて宇宙に旅立ってゆくのです。

人工的な出産過程を経《へ》なかったというだけで、不適正者の烙印《らくいん》を押され、あらゆる面で差別を受ける現実は、遺伝子による選別の恐ろしさを観《み》る者に突きつけてくるものでした。

ヒト・ゲノム解読が完了したと言われる今日《こんにち》、これは決して空想とは言えません。すでに遺伝子検査は一般的なものになりつつあり、がんや糖尿病《とうにょうびょう》、認知症《にんちしょう》などの様々な病の発症《はっしょう》リスクがわかるようになっています。潜在的《せんざいてき》には、遺伝子による選別は始まっていると言っても過言《かごん》ではないのです。

それだけではないでしょう。世の中ではダイバーシティ（多様性）が大切だと喧伝《けんでん》される一方で、勝ち組と負け組、上流と下流といった区分けが、これまで以上に固定化し、その影響《えいきょう》が浸透《しんとう》しつつあります。

競争に負ければ敗者。すぐさま落ちこぼれになってしまう旧来の選別も、そこに組み込《こ》まれています。

しかも、そうした世界のしくみに、若い世代ほど敏感《びんかん》になっているのです。私たちの人生は、そんな不平等な運に支配されるほかないのでしょうか。敗者も落ちこぼれも、決定的な烙印なのでしょうか。人間の能力は、たまたま与えられる運によって決定されるものなのでしょうか。

親から流れ込んだもの

今、世界中で進行するガソリン車からＥＶ《イーブイ》車（電気自動車）への転換《てんかん》を背景に、ＥＶ車の覇権《はけん》を左右するバッテリー技術への関心がますます高まっています。

これからご紹介するのは、そのバッテリーに関する新技術を基《もと》にベンチャー企業を起業し、本田技研工業やＪＡＸＡ《ジャクサ》（宇宙航空研究開発機構）などと研究・開発を進めてきた岩城聡明《いわきとしひろ》さんです。

岩城さんもまた、人生を敗者の側から始めざるを得なかったお1人でした。

その生《お》い立ちは、思うにままならないものでした。

まず、第2章でお話しした3つの「ち」のことを思い起こしてください。

かつて在日韓国人だった父方の祖父。当時は今と異なり、一家が生きにくい環境の中で日々の生活を送っていたことは、想像に難《かた》くありません。

父親は、もともと不動産鑑定《かんてい》の仕事をしていましたが、その後、祖父母が営《いとな》んでいた不動産屋を引き継《つ》ぎました。

岩城さんは、父親に温かく接してもらった記憶《きおく》があまりありません。人生の先輩《せんぱい》として助言してくれたり、将来を案じて諭《さと》してくれたりするという感じではなかったのです。

幼い頃《ころ》から、父親の印象はとにかく怖《こわ》いものでした。突然、大声で怒られる。ときには手が出て、叩《たた》かれ、殴《なぐ》られる。幼い岩城さんには、そんな父親に反発するエネルギーもなく、その状況《じょうきょう》にただ耐《た》えるという感じでした。

祖父は、さらに激しい人で、子どもたちを叩いたり、蹴《け》ったりして育てたと言います。東京の大田区に生まれた父親の家庭は複雑で、祖父は祖母と結婚してもすぐには籍《せき》を入れることができず、帰化《きか》が済《す》んでから籍を入れました。父親は、そうした諸々《もろもろ》を背負って人生を歩んできたのです。

岩城さんは、父親の人生について、ほとんど聞くこともなかったため、わからないことばかりです。祖父も父親も、自分たちの出自《しゅつじ》については頑《かたく》なに話そうとしませんでした。

それでも父親が、いじめに遭《あ》ったことを話してくれたことがありました。寡黙《かもく》な父親が心の奥底に押し込めていた孤独感《こどくかん》といくつもの理不尽《りふじん》さ――。それを訥々《とつとつ》と絞《しぼ》り出すように語ってくれたのです。

心の深奥《しんおう》に封印《ふういん》された痛み。それは、父親の心の傾向《けいこう》をつくる十分な背景となったことでしょう。世間に対して心を開けず、警戒心《けいかいしん》をもって世界を斜《なな》め45度から見る卑屈《ひくつ》な気持ち。それらを岩城さんも父親から受け取ることになったのです。

勉強がわからない――「落ちこぼれ」の生《お》い立ち

父親がそうであったように、岩城《いわき》さんも、小学校でいじめに遭《あ》いました。

3年生の頃《ころ》、担任の先生から嫌《きら》われ、いじめとしか思えないひどい扱《あつか》いを受けていたのです。このときは、そのことを知った母親が、「この学校はおかしい」と言って、別の学校へ転校しました。

ところが、転校した先で、今度は同級生にいじめられることになったのです。小学校高学年になっても、友だちはできず、不登校になってしまいました。

しかも、小中学校時代、岩城さんの心に刻まれている暗い思い出があります。

それは、「勉強がわからない」ということでした。授業の内容が理解できず、テストもまったくできない。テストの点が悪いと、父親から「そんな点数で恥《は》ずかしくないのか。みんなに負けて悔《くや》しくないのか!?」と怒られました。

しかし、岩城さんは、自分がどう感じているかもわからなかったのです。

「わからないからどうしようもない」

岩城さんは、まさに落ちこぼれ少年であったと言っても過言《かごん》ではありません。学校には居場所がなく、家に帰っても、父親からいつも怒られっぱなし。この頃の岩城さんには、よい思い出が1つもありません。

中学校では、いじめはありませんでしたが、成績は悪く、家庭科だけが4で、ほかの科目はすべて2。そんな中で、岩城さんは、都立の工業高校に進学します。

でも、その高校の偏差値《へんさち》は、全体の中で下から数えた方が早いランクで、月1回は生徒が警察のお世話になるような荒れた学校でした。岩城さんにとっては、不本意な高校生活でしかなかったのです。

これが、岩城さんの生い立ち、人生初期の歩みでした。

落ちこぼれとは何か――下降する命運路《めいうんろ》

本章のテーマは、「『落ちこぼれ』から人生を取り戻す」です。

「落ちこぼれ」という言葉は、決して良い響《ひび》きをもつものではありません。この言葉を聞いて、顔をしかめる方もいらっしゃるでしょう。

しかし、それを認めたうえで、ここでお話ししたい内容を的確にするために、あえて、本章ではこの言葉を使わせていただきたいと思います。

そもそも、「落ちこぼれ」とは、どのようなことを言うのでしょうか。

「魂の学」の人間観・世界観に立つと、次のように見ることができます。

人生は選択《せんたく》の連続です。図10のように、選択の連続によってつくられる人生の分岐路《ぶんきろ》を、「魂の学」では、命《いのち》が運ばれてゆく道――「命運路《めいうんろ》」と呼んでいます。

1つ1つの選択は、人生を上昇《じょうしょう》気流に乗せる選択（光転《こうてん》を導く選択）と、下降気流に

命運路

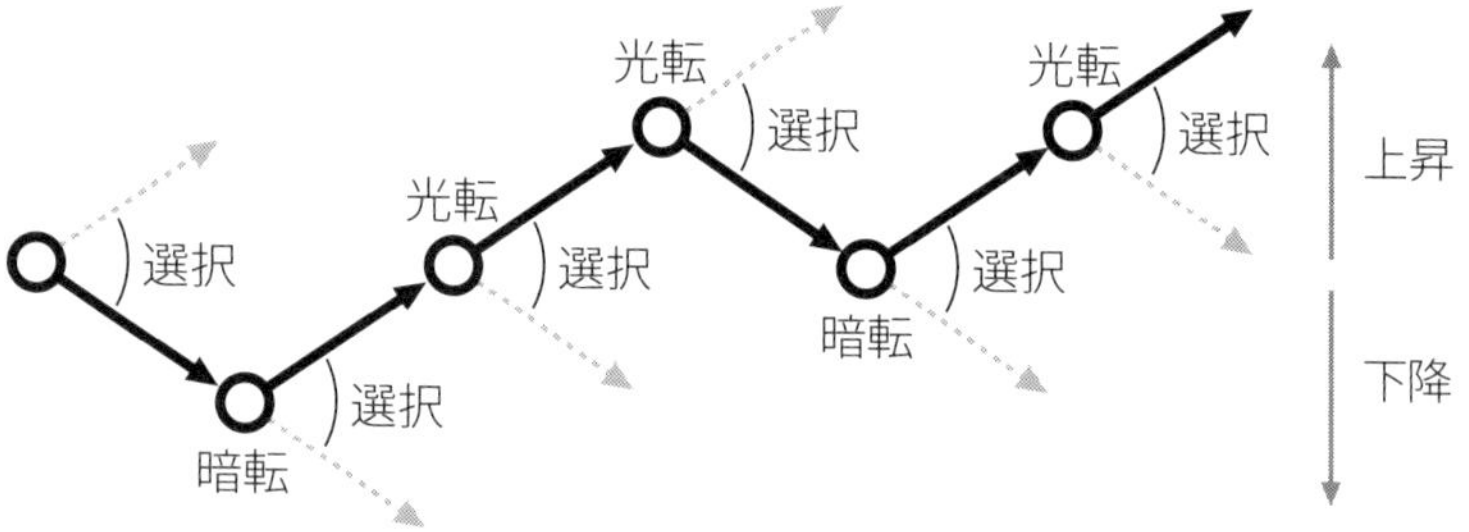

図 10

運んでしまう選択（暗転を導く選択）に分けることができます。

落ちこぼれは、1つ1つの選択が、常に暗転を導くものとなってしまい、人生の下降気流から脱《だつ》することができなくなることを意味するのではないでしょうか。

まさに、この命運路を落ちこぼれてゆく、転落してゆくということなのです。

その意味では、落ちこぼれとは、1つの固定された状態ではなく、下降気流に運ばれてゆくプロセスにあると思うのです。

私たちは、落ちこぼれは、人間の能力を左右する遺伝《いでん》と環境という、その人が変えることができない運命によってつくられると考えてしまいがちです。

しかし、**落ちこぼれてしまう現実は、人生に下降気流がつくり出されてしまうことにあり、人生にどのような気流をつくり出すかは、つまるところ、その人自身の1つ1つの選択にかかっているのです。**

そして、その選択をさせているのは、私たちの心です。心の傾向《けいこう》、心がもつ力によって、上昇か下降か、どちらの気流も生まれてしまうのです。

もちろん、私たちの心の傾向は、遺伝と環境が大きく作用してつくられます。

その意味では、人生に下降気流が生じてしまう原因として、遺伝と環境が大きいことは確かです。

しかし、私たちは、遺伝と環境の影響《えいきょう》に支配されるだけなのかと言えば、そうではありません。**ここで、何にもまして強調しておきたいことは、「私たちの心は、決して変えられない運命に支配されるものではない」ということです。**

岩城《いわき》さんの人生は、そのことを教えてくれています。さらに言えば、本書で紹介するすべての方の人生が、そのことを証明しているのです。

落ちこぼれから人生を取り戻すためには、まずは、人生に下降気流をつくり出してしまう原因、人生において暗転を導く選択をしてしまう原因を知らなければなりません。

4つの心の回路

先にも述べたように、人生の選択《せんたく》をさせるのは私たちの心であり、その心の性質と傾《けい》向《こう》を捉《とら》えることが、より良い選択のために不可欠《ふかけつ》となります。

内なる心は、常に外側の世界と交流しています。外にある現実を感じ・受けとめることによって心に引き入れ、心の中で考え・行為して、外の世界に新たな現実を生み出しています。

「魂の学」では、そのような私たちの心のはたらきを「受発色《じゅはっしき》」という言葉で捉え（受＝心の受信、発＝心の発信、色＝その結果生まれる現実）、その受信と発信の傾向によって、心を４つのタイプ（型）に分類しています。

簡単にご説明しましょう。

まず、心の受信（感じ・受けとめる）のベースには、「快苦の感覚」があります。ものごとを快の方向＝肯定的《こうていてき》に受けとめるか、それとも苦の方向＝否定的に受けとめるかで２つの傾向に分かれます。肯定的・楽観的《らっかんてき》な受けとめ方をするのか、それとも、否定的・悲観的な受けとめ方をするのかということです。

そして、心の発信（考え・行為する）のベースには、エネルギーの出し方の傾向があります。積極的に激しく考え行動する暴流《ぼうりゅう》タイプか、それとも消極的に穏《おだ》やかに考え行動する衰退《すいたい》タイプか、これも２つの傾向に分かれます。

暴流タイプは、エネルギーをどんどん出して、新たな状況《じょうきょう》を生み出そうとします。衰退タイプは、エネルギーを減衰《げんすい》させ、安定した状態を維持《いじ》しようとします。

つまり、受信の「快」「苦」、発信の「暴流」「衰退」の組み合わせによって、「快・暴流」「快・衰退」「苦・暴流」「苦・衰退」という４つの心の回路（傾向）がつくられて

4つの心の回路

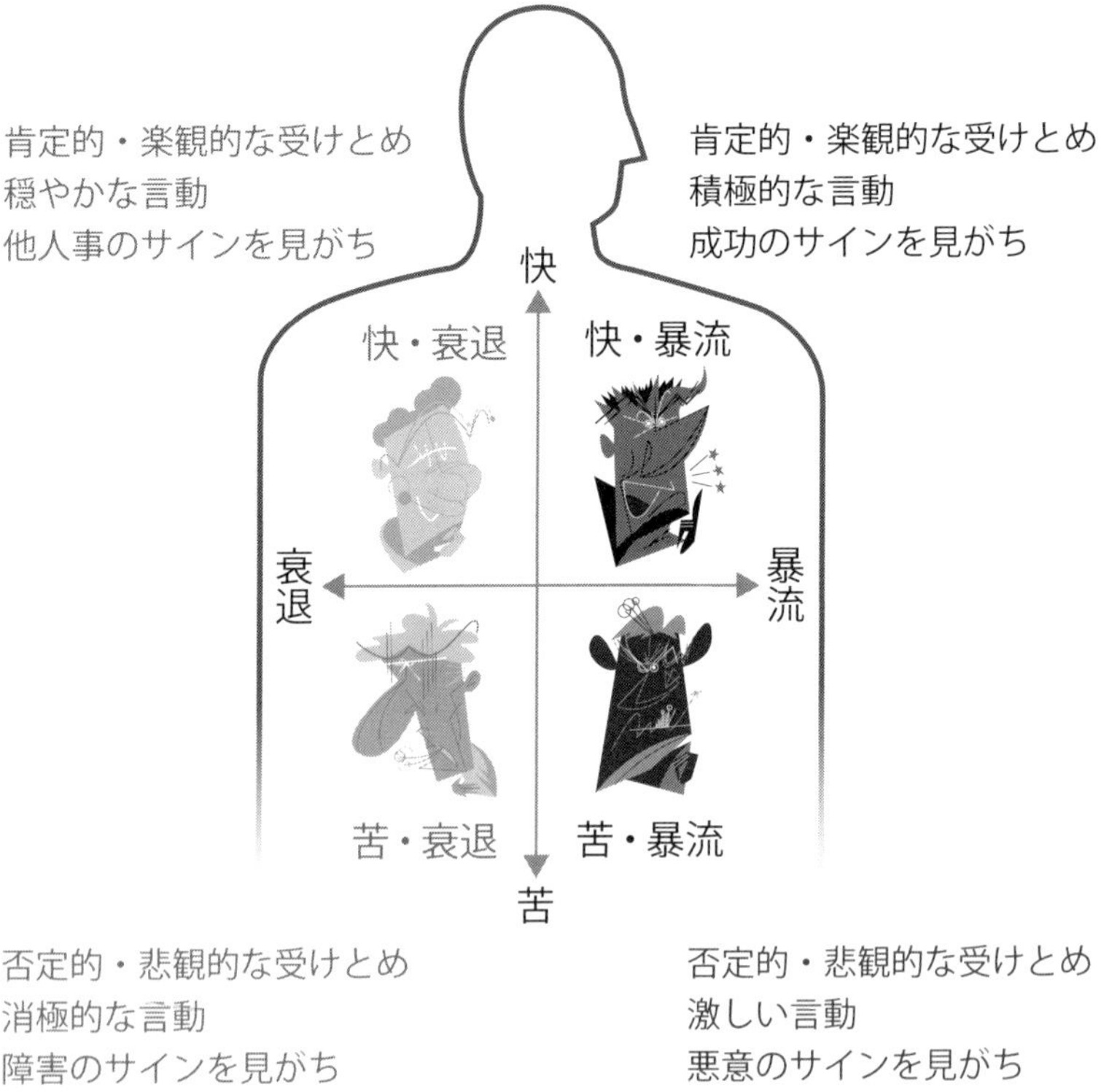

肯定的・楽観的な受けとめ
穏やかな言動
他人事のサインを見がち
肯定的・楽観的な受けとめ
積極的な言動
成功のサインを見がち
快
快・衰退
快・暴流
衰退
暴流
苦・衰退
苦・暴流
苦
否定的・悲観的な受けとめ
消極的な言動
障害のサインを見がち
否定的・悲観的な受けとめ
激しい言動
悪意のサインを見がち

図 11

ゆくのです（図11。4つの心の回路についての詳細《しょうさい》は、拙著《せっちょ》『自分を知る力』を参照）。

「快・暴流」の回路をもつ人は、基本的に自信家で、ものごとを肯定的に受けとめ、明るく積極的、何ごともエネルギッシュに前向きに取り組みます。ものごとにすぐ「成功のサイン」を見て、後先《あとさき》を考えずにイケイケドンドンで進めがちです。人間関係では、場の中心になってリーダーシップを発揮《はっき》しますが、一方で、何ごとも自分中心で、上から人を支配する傾向が強く、人間関係が硬直化《こうちょくか》し、孤立《こりつ》しやすいのです。

「快・衰退」の回路をもつ人は、基本的に楽観的で、明るく穏やか。人間関係は友好的で、人が好《よ》いのが特徴です。一方で、他人に依存《いぞん》する傾向が強く、すぐ「他人事《ひとごと》のサイン」を見出《みいだ》すため、ものごとの取り組みは曖昧《あいまい》でゆるくなり、停滞《ていたい》しがちです。失敗や忘れ物が多く、頼《たよ》りない一面もあります。

「苦・暴流」の回路をもつ人は、基本的に責任感が強く、ものごとにきっちり取り組みます。一方で、人間不信、世界不信の傾向が強く、すぐ「悪意のサイン」を見出して被害者意識を増幅《ぞうふく》し、他者に対して対立的・攻撃的《こうげきてき》に接することになります。その結果、人間関係は殺伐《さつばつ》として、問題を大きくしたり、新たな問題をつくったりしてしまうのです。

「苦・衰退」の回路をもつ人は、基本的に真面目《まじめ》で、ものごとに持続的に取り組みます。一方で、自分に自信がなく、悲観的になりやすく、厄介《やっかい》なことが生じると、すぐ「障害のサイン」を見出して立ち止まってしまいます。行動は消極的で、新しい挑戦《ちょうせん》をすることがなかなかできないため、周囲がイライラすることも少なくありません。

岩城《いわき》さんは、この捉え方で自分の心を見つめてゆくと、「苦・衰退」の傾向が強いことがわかりました。人生の始まりにあった、思うにままならない現実の中で、「苦・衰退」の傾向を強めてきたことを納得したのです（ご自身の心の回路を知りたい方は、ぜひ、「自己診断チャート」にお取り組みください。拙著《せっちょ》『自分を知る力』83ページ、またはhttps://se.jsindan.net からアクセスできます）。

心の回路がカオスに一定の形を与《あた》える

こうした心の回路が、現実の中でどのようにはたらくのか、岩城《いわき》さんはさらに追求してゆきました。

私たちは、日々、数え切れないほどの出会いや出来事を経験します。そのたびに、肯《こう》定的《ていてき》に関わったり、否定的に関わったりして、新たな現実をつくり続けています。その

カオス→ 受発色 → 光転・暗転の現実

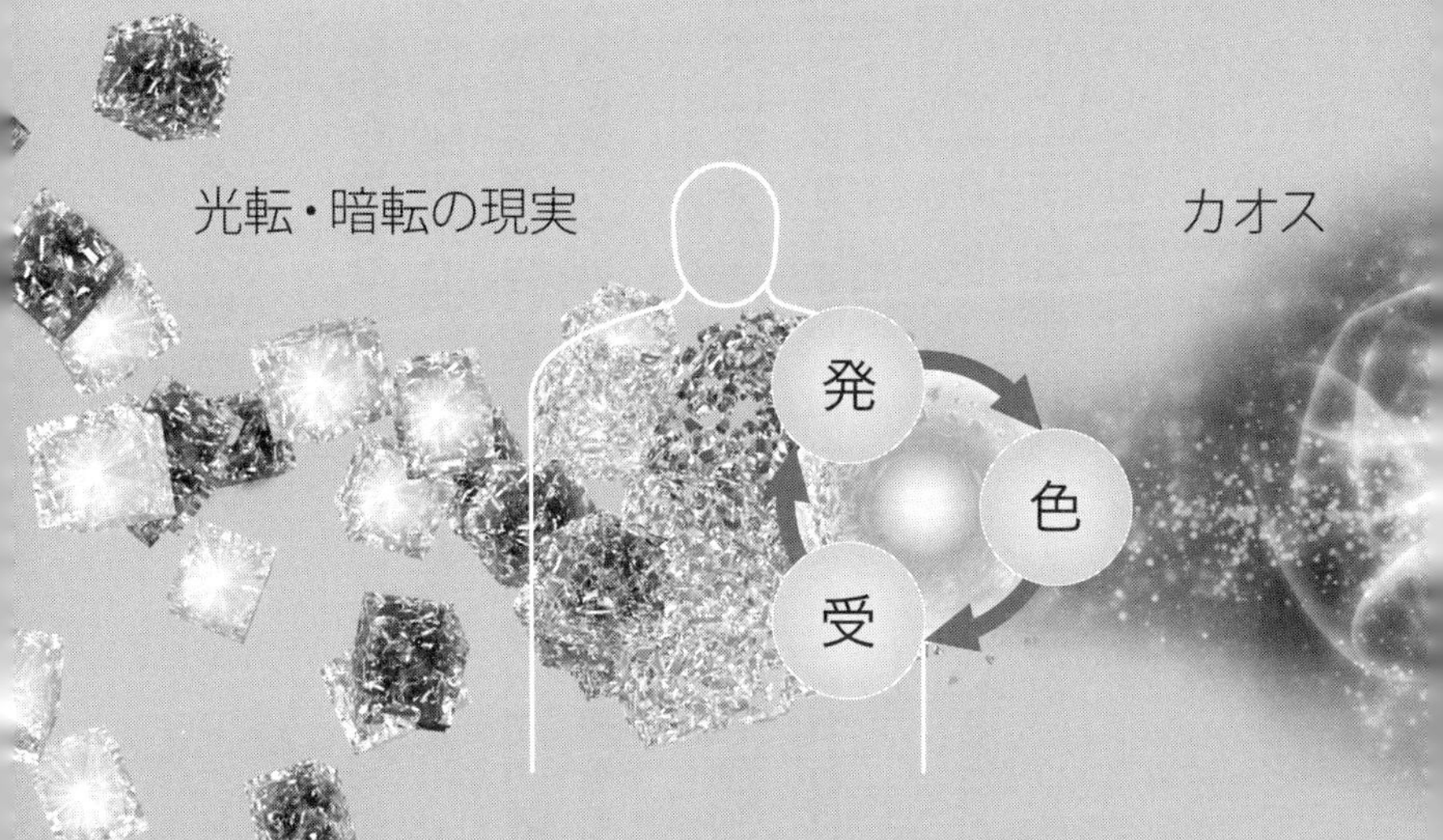

図 12

しくみを示すのが、「カオス」という見方です（カオスについての詳細《しょうさい》は、拙著《せっちょ》『最高の人生のつくり方』を参照）。

「カオス」とは、まだ輪郭《りんかく》も形もなく、結果も出ていない混沌《こんとん》とした状態のことで、その中には光と闇《やみ》、可能性と制約が混在しています。

未来から訪れる出会いや出来事、目の前の事態は、すべてカオスです。

そして、私たちがカオスに触《ふ》れた途端《とたん》、カオスは1つの形をもった新たな現実に結晶化《けっしょうか》するのです。

カオスがどのような現実になるかは、それに触れる心の受発色《じゅはっしき》にかかっています。未熟な心で触れれば、暗転の現実が生まれ、磨《みが》かれた心で触れれば、光転の現実が生まれます（図12）。

今日《こんにち》、私たちは、心の力をある意味で過小に評価していると言っても過言ではありません。多くの人は、心が生み出す力を侮《あなど》っています。心がどうなっても大した影響《えいきょう》はないと思い、さらに、自分の心はおおむね自分でコントロールできると考えています。

しかしそれは、思い込《こ》みに過ぎないものです。私たちの心は、ものごとを創造的に生み出すポジティブな力をもつこともあれば、逆に、自分のことであってもそれを否定し、破壊《はかい》しかねないネガティブな力を発揮《はっき》してしまうこともある。しかも、それを自分ではどうすることもできないことが少なくないのです。

先にご紹介した4つの心の回路は、未熟な心がつくり出す受発色の型です。それぞれ4つの偏《かたよ》りのある受発色のパターンを生み出し、同じような事態がくると、いつも同じ受発色で事態に触れて、同じネガティブな現実を生み出してしまうのです。

カオスが結晶化して現実になると、もう2度と元のカオスに戻ることはありません。

私たちは、日々、無数のカオスに出会い、自らの心の回路を通じて、それを結晶化させ、人生を形づくってゆきます。心の回路が生み出す傾《かたむ》きをもった受発色が、傾きをもった現実を生み出してゆくのです。

人生の下降気流は、これら4つの回路によって、カオスを次々と暗転させてゆく中に生まれるのです。

それは人生に「繰《く》り返し」を生み出す

岩城《いわき》さんは、「苦・衰退《すいたい》」の心で、自分がどのようにカオスを結晶化《けっしょうか》させてきたのか、見つめてゆきました。

たとえば、大学受験。それは、多くの人にとって、人生の大きなイベントとなるカオスです。そのカオスにどのように向き合ったのでしょうか。

岩城さんは、高校に進学後、学業に身が入りませんでした。中学でも学業不振《ふしん》だったことから、「どんなに努力しても高《たか》が知れている」と、日々の授業、定期試験、自宅での自習など、あらゆることがないがしろになってしまったのです。

岩城さんの心は、あきらめが先立ち、事態を悲観的に捉《とら》えて消極的になる「苦・衰退」そのもの。否《いな》、それ以上に、投げやりで自滅的《じめつてき》でした。**↓選択1**（図13参照）

3年後、その結果が明瞭《めいりょう》な形となって現れます。

「こんな高校から行ける大学なんて、限られている」

大学受験で新たな挑戦《ちょうせん》に向かう一歩を踏《ふ》み出すことができませんでした。

通信簿《つうしんぼ》の平均は、5点満点中3・5点。その成績で推薦《すいせん》入学できる大学に進学することになったのです。それは決して満足できる進学ではありませんでした。**↓選択2**

ここにも、否定の力がはたらいていました。そればかりではありません。

推薦で入学したものの、岩城さんは、たちまち学業で試練に直面します。工業高校で

下降する命運路

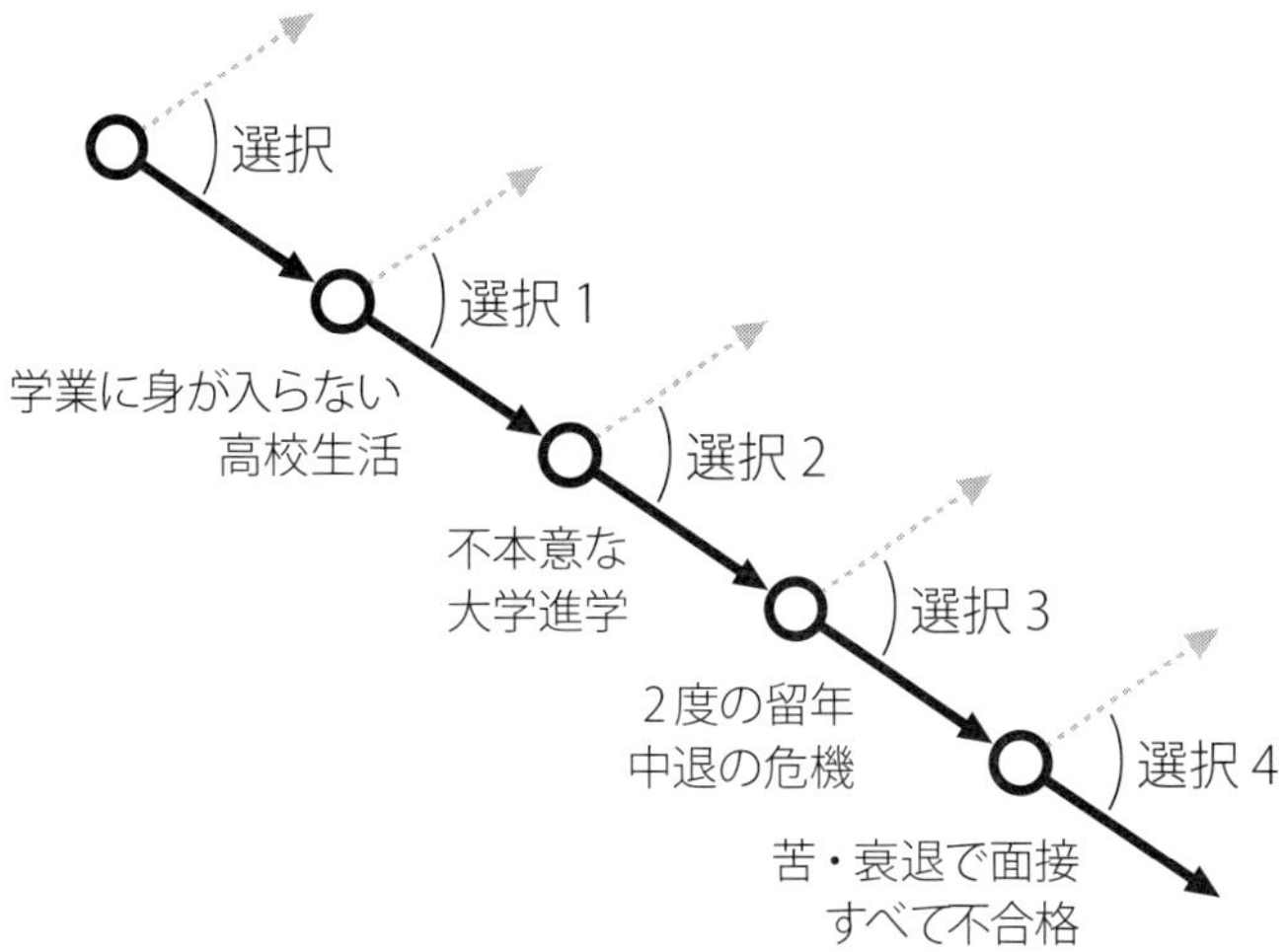
選択
選択 1
学業に身が入らない
高校生活
選択 2
不本意な
大学進学
選択 3
2度の留年
中退の危機
選択 4
苦・衰退で面接
すべて不合格

図 13

の勉強が中途半端《ちゅうとはんぱ》で、基礎《きそ》学力が不足していたため、大学の授業についていけなかったのです。その結果、2年にわたり留年。中退の瀬戸際《せとぎわ》でした。↓**選択3**

このときも、目の前の事態に「どうせ、自分なんか」と卑屈《ひくつ》な想いで向き合い、「結局、無理」とあきらめてしまう。ニヒリズムに呑《の》み込まれてしまい、その受発色《じゅはっしき》でカオスに触《ふ》れ続けていたのです。

就職活動のときも、その繰り返しでした。

「自分は何も誇《ほこ》れない工業高校から推薦で大学に入った。その大学で2年も留年した。こんな自分なんか……」

「苦・衰退」の気持ちを抱えたまま、「就職面接カオス」に臨《のぞ》んでいました。

「大手はやめて、中小企業のどこかに当たればいいかな」くらいの気持ちで、次々に面接を受けたのですが、ことごとく失敗しました。↓**選択4**

ここでも、前向きになろうとする自分を否定し、自滅する力がはたらいてしまったのです。

大学の研究室でも、最終学年の7月頃《ごろ》には、仲間の大半が就職を決めていましたが、岩城さんだけが決まっていなかったのです。

「苦・衰退」の心によって、カオスを何度も同じ暗転の現実に結晶化させてしまう。あきらめ、投げやり、自滅に傾《かたむ》いてしまう。それが、心の回路の恐ろしさであることを、岩城さんは実感したのです。

ここで確かめていただきたいのは、生《お》い立ちの中でつくった心の回路は、人生の中で、繰り返し同じネガティブな、ときに破壊的な現実を生み出してしまうということです。

最初は、その気持ちに呑《の》まれても、次は違《ちが》う気持ちで向かってもよさそうなのに、それができない。いつも同じ気持ち、同じやり方で、同じ現実を生み出してしまうのです。

もう1つの心の回路

岩城《いわき》さんは、なぜ堂々《どうどう》巡《めぐ》りのように「苦・衰退《すいたい》」の心に呑《の》み込まれてしまったのでしょうか。探究はさらに続きました。

実は、岩城さんの人生に大きな影響《えいきょう》を与《あた》えていたのは、「苦・衰退」の回路だけではありません。生《お》い立ちの中でつくったもう1つの心の回路がありました。その回路が轍《わだち》を強めていたことを見出《みいだ》していったのです。

先に見てきたように、「苦・衰退」の心は、父親からもらったものです。

しかし、岩城さんの心の傾向《けいこう》には、別の3つの「ち」＝母親からの「血」の影響も色濃《こ》く現れていました。

岩城さんの母親は、自分が悩んでいる姿や自分の弱みを絶対に人に見せない人でした。格式のある日蓮宗のお寺のお嬢様《じょうさま》として育った彼女の中には、「自分は特別。ほかの人とは違《ちが》う」という特別意識、優位の想いがごく自然に育まれていたのです。

父親からは事あるごとに叱《しか》られ、殴《なぐ》られていたのに、母親は幼い岩城さんにいつも「聡明《としひろ》は特別だから」と言っていました。そう言われて育てば、確たる実績がなくても、わずかなしるしによって「自分は他の人と違って特別なのだ」と思えるのが人間です。

小学校4年から科学クラブに入り、その時間は大好きでした。高学年になると、ラジオづくりの時間があり、難しい課題にもどんどん取り組んでゆきました。

6年生の頃《ころ》には、自宅でパソコンをつくり、中学生になるとコンピュータを自分で組み立ててパソコンゲームをしていました。

「これなら負けない」

その中で、岩城さんは、もう1つの心の回路、「快・暴流《ぼうりゅう》」をつくってきたのです。

「快・暴流」は、「苦・衰退」とは対照的に、自信家で積極的、エネルギッシュな傾向です。この回路は、岩城さんの人生にどんな影響を与えていたのでしょうか。

自分を肯定《こうてい》する心をもてたことは、岩城さんの人生にとって大切なことです。その肯定の気持ちを土台にして前向きな人生を生み出すことができるからです。しかし、その影響はプラスのものだけではなかったのです。

出会うことのない2人

「勉強ができない自分」と、「パソコンならば誰《だれ》にも負けない自分」。

父親からもらった「卑屈《ひくつ》な自分」と、母親からもらった「優位に立つ自分」。

この2人の自分は、それぞれ別の世界にいて、互《たが》いに出会うことはありません。

重要なことは、「快・暴流《ぼうりゅう》」は、他人に対して差別するだけではないということです。自分に対しても、差別の目を向けるのです。

岩城《いわき》さんの悩みの1つは、昔から人の成功を心から歓ぶことができないことでした。仲の良い友だちが、自分より先に評価されたりすれば、「どうせ自分は……」という卑屈な想いになってしまうことが常でした。

つまり、「快・暴流」の自分が「選ばれない自分」を差別していたということです。

差別するというのは、否定するに等しい力です。

「魂の学」を学ぶ人にとって、「快・暴流は自己肯定的《こうていてき》」というのが基本的な理解です。しかし、自分に対して、常に肯定的というわけではないということです。認められない自分があるとき、「快・暴流」は、それを否定し、追い詰《つ》め、ときに消し去ろうとまでしてしまうのです。

「苦・衰退《すいたい》」の自分と「快・暴流」の自分の間でダッチロールを繰《く》り返し、「苦・衰退」の暗転を助長《じょちょう》し、増幅《ぞうふく》していた岩城さん。自らの「快・暴流」に差別されて肥大《ひだい》した「苦・衰退」の卑屈に苦しむ中で、人生の命運路《めいうんろ》に下降気流をつくり出していました。

しかし、こうした回路を発見し、心の力をまざまざと実感したこと、そしてそれを乗り越えようとする気持ちを抱《いだ》いたことは、大きな一歩となりました。

転職を考える――次なる次元への飛躍《ひやく》のとき

人生の下降気流の中で多くの挫折《ざせつ》や失敗に直面しても、岩城《いわき》さんが人生を手放《てばな》さなかったのは、「魂の学」を学んで、自分が魂の存在であることを信じることができたからです。

すべての魂は、新しい経験を求めて人生にダイビングしてくる。どれほど厳しくみじめな生《お》い立ちでも、それは、新たな人生を生きることを願う魂が引き受けなければならない条件——。そう思える岩城さんがいたのです。

それだけではありません。

厳しかった生い立ちは、偶然《ぐうぜん》、自分が背負ったものではない。必然があり、理由があり、意味があって自分に与《あた》えられたもの。そこには、自分が果たさなければならない使命が隠《かく》れている。そう信じて歩むことができたのです。

そしてさらに、「魂の学」を学び、それを自らの生き方にしてゆく中で、自分の内側の力、心の力の大きさを確信するようになったことも付け加えるべきでしょう。

岩城さんは、人生に生じていた下降気流から、少しずつ上昇《じょうしょう》気流を生み出す心の力を育ててゆきます。

先に、岩城さんの就職活動はことごとく失敗したと言いました。でも、最終的には、大手総合電機メーカーに就職することができました。2008年のことです。

面接にあたって、岩城さんは、自らの心を整えることに集中しました。

それまで岩城さんは、試験のことを考えると、何度も失敗を重ねてきたことで、「またむずかしいのではないか」「どうせ無理だろう」。そんな「苦・衰退《すいたい》」の悲観的な想いに支配されそうになりました。

そうかと思えば、もともと「技術のことなら、それなりの自信はある」と、「快・暴流」の根拠《こんきょ》のない自信も頭をもたげます。

そんな心のダッチロールに振《ふ》り回されていたら、目の前にあるカオスを最善の形にすることは決してできません。

岩城さんは、波立つ想いの底にある、自分が本当にしたいことは何なのか——心の奥の願いに立ち戻ろうと見つめてゆきました。それが、自分が行使《こうし》できる心の力の中心にあるものだからです。

すると、自分の中から、「エンドユーザー（消費者）向けのコンシューマー製品（市販製品）を自分はやりたい。皆さんに歓んでいただく製品を、自分は生み出したいんだ」という願いがはっきりと立ち上がってきたのです。岩城さんの心は、嘘《うそ》のようにスッキリとしました。

その願いを抱《いだ》いて「就職面接カオス」に向かったとき、これまでとはまったく違《ちが》う面接となり、合格という結果を得ることができたのです。まさに、目の前のカオスに対し

上昇する命運路

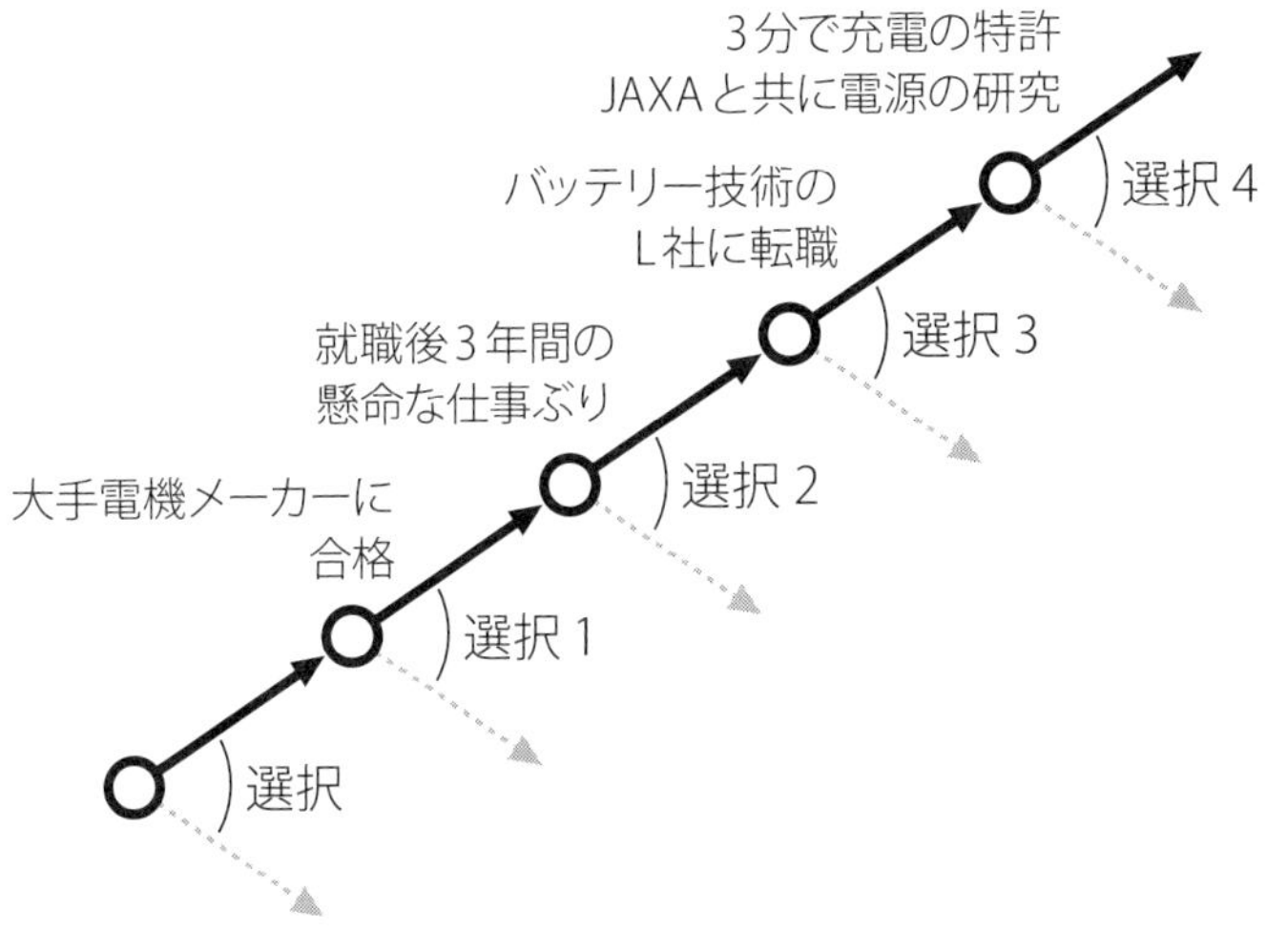

3分で充電の特許
JAXAと共に電源の研究
選択4
バッテリー技術の
L社に転職
選択3
就職後3年間の
懸命な仕事ぶり
選択2
大手電機メーカーに
合格
選択1
選択

図14

て、新しい結晶化《けっしょうか》のさせ方を学んだのです。→**選択1**（図14参照）

これが、岩城さんの人生の命運路《めいうんろ》に分水嶺《ぶんすいれい》をつくり出しました。

メーカーに就職した岩城さんは、エアコンの設計に携《たずさ》わることになります。

その仕事に懸命《けんめい》に取り組む中で、自分がめざしたいことが少しずつ明らかになってゆくのを感じていました。

父親からもらった卑屈《ひくつ》な自分と、母親からもらった優位の自分――。この2人の自分は、顔を合わせることなく、互《たが》いが互いを牽制《けんせい》し合ってきました。

しかし、就職して以降3年間の懸命な仕事ぶりには、この「苦・衰退」と「快・暴流」の2人の自分の影《かげ》は、ほとんど見られなくなりました。→**選択2**

カオスの結晶化のさせ方が大きく変貌《へんぼう》していったのです。

開かれてゆく人生

就職して5年目の2012年、岩城《いわき》さんは転職を考えます。それを新たに挑戦《ちょうせん》するカオスとして受けとめました。

当時の職場は、極《きわ》めて安定している大手メーカーで、仕事も順調でした。

普通なら、「この会社で安定した人生を」——そう考えても不思議《ふしぎ》はありません。

では、なぜ、このカオスが出現したのでしょうか。

それは、岩城さんの中に、目的と願いが生まれたからです。

とりわけこの年に開催《かいさい》されたGLAの「青年塾」（157ページ参照）のセミナーで、10年後のヴィジョンを描《えが》く「未来地図」に取り組んだことで、その願いは一層明瞭《めいりょう》になりました。

「未来地図」とは、魂としての人間観・世界観に基づいて、将来の青写真とそこに込められた魂の願いにアクセスするメソッドです。これまでに万に及《およ》ぶ青年たちが「未来地図」に取り組み、その未来を開いてきました。

「未来地図」は、私が、青年たちが抱《いだ》いている想像力や創造力などの心の力を、未来に向けたポジティブな力として結晶化《けっしょうか》してほしいと願って考案したものです。

今、世界には様々な課題があります。でも、課題があるということは、そこに鍵穴《かぎあな》があるということ。未来を担《にな》う青年たちは、必ずその課題を解く鍵を抱いているはずです。

ですから、青年たちには、自分の願いを見出《みいだ》し、世界の課題に応《こた》える力を引き出していってほしい。それを、この「未来地図」に託《たく》したのです。

もちろん、私たちが遠い未来を思い描くことは容易ではありません。しかし、1年後のことなら、多くの方が思い描くことができるでしょう。そして、1年後のことを思い描くことができるなら、5年後を描くことは大きな困難ではなくなります。そこから10年後を描くことも可能になります。

そのようにして、「未来地図」は、私たちが1年後、5年後、そして10年後と、段階的にどうなっていたいのかというヴィジョンを思い描くことで、未来に託された青写真とそこに込められた魂の願いを自分の言葉で表すメソッドなのです。

岩城さんは、改めて「自分は、本当は何をしたいのか」と問いかけました。

そのとき、1つのイメージが心を捉《とら》えたのです。

「製品が市場《しじょう》で販売されるまでは、研究→開発→設計→生産→販売という流れがある。この流れの上流で仕事をしたい。設計から新たな製品の開発に携《たずさ》わり、さらには研究に従事したい――」

そのために、「今ある技術を使った製品開発だけでなく、世の中にない新製品を生み出す会社に転職したい」という願いが、岩城さんの中から現れてきたのです。

そして、2013年、バッテリー技術に定評のあるL社に転職しました。→**選択3**

L社ではまさに、量産設計の上位にある開発の仕事を担うことになります。最先端《さいせんたん》の技術を使った開発の仕事に携わることになったのです。

岩城さんは、「開発のさらに上位にある研究にも携わりたい」と、大学院で学ぶことを考えます。所長に、「仕事をしながら大学院で学ぶ制度があれば、使わせてほしい」と相談しましたが、そのような制度はありませんでした。

しかし、岩城さんに対する会社の期待は高く、所長が「ないものはつくればよい」と言って状況《じょうきょう》を整えてくれて、島根大学大学院に進学。現在は、名古屋大学大学院の博士《はくし》課程の社会人ドクターとして、研究活動に従事しています。

そして、2019年には、自身で新たな会社を設立。世界初の3分でバッテリーを充電《じゅうでん》する技術、モーターを駆動《くどう》するパワー半導体から出るノイズをキャンセルする技術を開発し、多方面から大きな関心が寄せられました。本田技研工業やアイシンなど、自動車関連メーカーとの開発事業のほか、JAXA《ジャクサ》と共に人工衛星や月面基地で使う電源の研究も始まり、これまでにない新技術による挑戦に向かっているのです。**↓選択4**

「落ちこぼれ」から人生を取り戻す——2つの命運路《めいうんろ》を分けたものとは

かつて人生の条件に束縛《そくばく》されていた岩城《いわき》さん。学校の勉強についてゆけず、落ちこぼれとなって自信を失い、「どうせ自分なんか……」と卑下《ひげ》する心の回路に呑《の》まれていました。

当時の岩城さんは、明るい未来など想像もできず、暗闇《くらやみ》の中に独《ひと》り取り残された感覚だったのではないでしょうか。

苦手なことに直面すると、金縛《かなしば》りのように身動きが取れなくなってしまう。普段の力の半分も発揮《はっき》できない。さらには、自己否定に走り、投げやりと自滅《じめつ》の流れを生み出してますます自信をなくし、暗転循環《じゅんかん》が生じていました。

しかし、「魂の学」を学ぶ中で、その暗転循環のからくりに気づき、束縛から自由になって、運命を逆転させることができたのです。

その運命の逆転を示したのが、2つの上下対称の命運路——下降気流が生じていた命運路（図13）と、上昇《じょうしょう》気流が生まれていった命運路（図14）です。

この道行《ゆ》きを分けたもの——。それが、カオスを目の前にしたときの岩城さんの心の力であったことは明らかです。

上昇気流の命運路をつくりあげたのは、次のような想いでした。

「今の自分は、大手の企業で安定しているが、本当にこのままでよいのだろうか」

「自分に与《あた》えられた人生の使命に応《こた》えるために、新たな挑戦《ちょうせん》を始めたい」

「GLAのプロジェクト（「魂の学」を体験的に学ぶ活動）は一生懸命《いっしょうけんめい》やってきたが、会社でももっと実践《じっせん》したい」

「会社は、自分を成長させるための鍛錬道場《たんれんどうじょう》」

この受発色《じゅはっしき》の力こそが、カオスの結晶化《けっしょうか》のさせ方を変え、人生の命運路に上昇気流をつくり出し、『落ちこぼれ』から人生を取り戻す」原動力《げんどうりょく》となったのです。

一貫《いっかん》したまなざし――「魂の学」の人間観・世界観

その歩みを根底《こんてい》から支《ささ》えていたものがあります。それは何だったのでしょうか。

もちろん、岩城《いわき》さんの努力の積み重ねがあって生まれた現実であることは間違《まちが》いありません。

しかし、私は、究極《きゅうきょく》、その理由は、岩城さんが自らの内に「魂の学」の人間観・世界観を確立し、魂の重心を生み出すことができたからだと思います。

新会社を設立して、世界初のバッテリーに関する新技術を開発し、本田技研工業やJAXAとも研究・開発を進めてきた岩城さん。しかし、かつては勉強ができない「落ちこぼれ」で、人生は下降の一途をたどるばかりだった。その暗闇の中から、起死回生の上昇気流を起こすことができたのは、著者と出会い、自らの内に「魂の学」の人間観・世界観を確立したからにほかならない。

今日《こんにち》、私たちは、様々な生き方を学ぶことができます。書籍《しょせき》やネットには、どうしたら現状を改善できるのか、どうしたらもっとよい生き方ができるのか、そうした情報があふれています。いろいろな人が見出《みいだ》した知恵を学ぶこともできるでしょう。

実際、それらを吸収し、自分の人生に生かしている人も多いと思います。

しかし、本当に、自分自身について、人間と世界について、全体を貫《つらぬ》くまなざしをもって人生に向き合うことができる人は、稀《まれ》なのではないでしょうか。

新しい見方や考え方、優《すぐ》れた方法、輝《かがや》く知恵……その1つ1つはよさそうでも、それを仕入れただけでは、バラバラの断片でしかありません。あるときは、心を大切にして人との絆《きずな》を想い、あるときは、勝ち組をめざして唯物的《ゆいぶってき》な生き方に固執《こしゅう》する。そんな分裂《ぶんれつ》した生き方を抱《かか》えることにもなってしまうのです。

「魂の学」の人間観・世界観は、そういうものではありません。

私は、魂の存在として、一回生起《いっかいせいき》の人生を経験している。

そこには、楽しいこと・うれしいこと・得をすること（人生のX《エックス》）もあれば、苦しいこと・悲しいこと・損をすること（人生のY《ワイ》）もある。Xだけがよいのではなく、Yの中にもかけがえのない意味がある。

そのすべては、「偶然《ぐうぜん》・たまたま」、私のところにやってきたわけではない。そこには、必然と理由があり、私がこの人生で果たさなければならない目的と使命につながる手がかりが隠《かく》されている。

つらく苦しい人生の時期も、私にとっては、なくてはならないものだった。それらは決してマイナスではなく、その経験があったからこそ、本当の願いを見出《みいだ》すことができた――。

このような想いを導くのが、人間を魂と見る人間観・世界観であり、それによって生み出されるのが魂の重心というものです。

その一貫したまなざしによって、岩城さんは、「落ちこぼれ」から本当の人生を取り戻すことができたのです。

第6章　「病」から取り戻す

突然《とつぜん》の重い病の宣告。絶望の淵《ふち》に立たされ、
まさに奈落《ならく》の底としか言いようのない場所に
突き落とされることがある。
しかし、病は、「本当に大切なものは何か」と
私たちの生き方を根本から問い直す。
たとえ不治《ふち》の病であっても、
魂・心の自由は決して奪《うば》われることはない。
人生を取り戻し、新たな夢を抱《いだ》き、
輝《かがや》く未来に向かって歩むことができる。

ブッダ――人生を「苦」と見つめた覚者《かくしゃ》

ここまでの章を読んでくださった読者なら、人生をまっすぐ順調に進むにはあまりにも多くの困難や障害が立ち現れることに気づかれているでしょう。

否《いな》、あなたは、本書を読まれる以前から、すでに人生の中で様々な試練や問題に見舞《みま》われ、その実感を抱《いだ》いているかもしれません。

でも、それよりもはるか過去に、人生におけるＹ《ワイ》（苦しいこと、悲しいこと、損をすること）を鮮烈《せんれつ》に浮き彫《ぼ》りにした人物がいます。不安や苦悩《くのう》を人生の根底に据《す》えて、人生をどう生きるかを示した仏教の開祖《かいそ》、ブッダ（釈尊《しゃくそん》）です。

よく知られているように、ブッダは、自らが生まれ育ちの中で深い苦悩を経験し、それを求道《ぐどう》の引き金としました。生まれてすぐに産みの母と死別した哀《かな》しみは、ブッダ自身を幼い頃《ころ》から苦しめました。

どうしたらこの苦悩から自由になれるのか――。王子としての立場と責任を放棄《ほうき》してまで道を求めた彼は、長き求道と修行の果てに真の安らぎを見出《みいだ》し、その境地を教えとして弟子たちに伝えました。

ブッダの教えの第１の前提は、「こは苦なり」。人生を「苦」と見なせ、ということでした。人生には苦が満ちている。誰《だれ》もそれを避《さ》けることはできない。その苦のありようをあるがままに受けとめるところからしか、心の平安を勝ち取ることはできない。

ブッダは、「人生＝X《エックス》×Y《ワイ》」の方程式が意味するところに到達《とうたつ》していた覚者です。あるがままの苦のありよう――その中心にあるのが「四苦《しく》」。言葉を換《か》えれば、それはブッダが示した「人生のY」にほかなりません。

病苦――重い病になったら人生をあきらめるしかないのか

ブッダが説いた「四苦《しく》」とは、人間が抱《かか》えるもっとも根本的な４つの苦、生老病死《しょうろうびょうし》のことです。

「生」の苦しみとは、この世界に生まれること自体の苦しみです。赤児《あかご》は「オギャー」と泣いて生まれてきます。それは、これからの人生で幾度《いくど》となく味わうことになる苦悩《くのう》を先取りする苦しみと言えるものです。

そして、生まれたら、どんな人も避《さ》けることができず、最終的に突《つ》き当たるのが「死」です。すべてを失い、手放《てばな》し、自分が消滅《しょうめつ》してしまう。一切《いっさい》が虚無《きょむ》と化してゆく不安と恐れ……。それが死の苦しみ。究極《きゅうきょく》の人生のY《ワイ》です。

私たちは、死がやってくるまで、それを忘れ、生の輝《かがや》きを謳歌《おうか》しようとします。しかし、その輝きの下《もと》でも、一時《いっとき》としてとどまることなく、あらゆるものが古び、色あせ、錆《さ》びつき、壊《こわ》れてゆく「崩壊《ほうかい》の定《さだめ》」は厳然《げんぜん》とはたらいています。

気づいたときには、「老い」の季節が迫《せま》り来ている。これまでのように身体が動かなくなる。頭も回らない。年を重ねるたびに、今までできていたことができなくなり、かつてもっていたものを1つ1つ引き剥《は》がされてゆくのが、「老」の苦しみです。

一方、人生の中で突然《とつぜん》、私たちを死の恐怖に直面させ、奈落《ならく》の底に突《つ》き落としかねないのが「病」です。健康だった身体に支障が生じ、元には戻らない。当たり前にできたことができなくなる。この先どうなるかわからない。そんな不安を抱《かか》えざるを得ないのが、「病」の苦しみです。

ブッダは、これら4つの苦しみが散りばめられているのが人生だと受けとめました。

このブッダの人生観を知って、あなたはどう感じるでしょうか。

あまりにも悲観的、厭世的《えんせいてき》で、まるで世捨て人のようではないかと思われるかもしれません。実際、世の中では、そのように受けとめられる向きもあります。

でも、私はそうは考えません。

本章では、4つの苦の中でも、人生を生きる途上《とじょう》で、大なり小なり誰《だれ》もが遭遇《そうぐう》しなければならない「病」を取り上げます。

きっと、読者の皆さんの中にも、今、重い病を患《わずら》い、苦しみのただ中に身を置いている方、未来に希望を見出《みいだ》すことができずに人生を手放《てばな》してしまいそうになっている方も、いらっしゃることと思います。

これからご紹介する方もそうでした。突然、不治《ふち》の病を宣告され、家族と共に絶望の淵《ふち》に立たされたその現実は、「重い病になったら人生をあきらめるしかないのか」と私たちに訴《うった》えています。

突然《とつぜん》の宣告――ALS《エーエルエス》の疑い

小江戸《こえど》とも呼ばれる埼玉県川越市《かわごえし》に在住の島﨑清《しまざききよし》さんは、1955（昭和30）年生まれ。工業専門学校を卒業後、父親が経営するメッキ工場でその技術を学びながら、兄と一緒《いっしょ》に働いてきました。

島﨑さんは、今から15年前、53歳のとき、突然、ALS（筋萎縮性側索硬化症《きんいしゅくせいそくさくこうかしょう》）という病に襲《おそ》われました。

ＡＬＳは、全身の筋肉が痩《や》せて動かなくなり、やがて呼吸も困難になる原因不明の難病です。

筋肉の病気ではなく、筋肉を動かし、運動を司《つかさど》る神経に障害が生じる病で、四肢《しし》に著《いちじる》しい不自由が生じる一方、多くの場合、身体感覚、視力や聴力、内臓機能などは保《たも》たれます。

1年間で新たにＡＬＳにかかる人は、人口10万人あたり平均2・2人で、現在、全国で約1万人の方がこの病気と闘《たたか》っていらっしゃいます。

ＡＬＳと診断《しんだん》されると、気持ちが落ち込み、うつ状態になってしまう方が少なくありません。一般的には、発症《はっしょう》後、2年から5年で死に至ると言われ、自ら命を絶《た》ってしまう痛ましいケースも報告されています。

かつて、島﨑さんご夫婦は、ＡＬＳのことを知ったとき、「こういう大変な病気にだけはなりたくないね」と話していました。島﨑さんにとって、ＡＬＳという病は、およそ人間が背負うことになる苦の中にあって、最大級の苦しみ——人生における苦の象徴《しょうちょう》であったと言っても過言《かごん》ではないのです。

その島﨑さんが、その後、自ら自身にＡＬＳを発症することになったことは、何という運命の巡《めぐ》り合わせでしょうか。

53歳のとき、島崎さんは突然、ろれつが回らなくなり、足が動かしにくくなりました。最初は、ちょっとした違和感《いわかん》でしたが、やがて身体に少しずつ力が入らなくなっていったのです。

当初、それがALSとは夢にも思っていませんでした。しかし、徐々に身体の調子が悪くなり、かかりつけ医からALSの疑いがあると言われたのです。

あきらめに彩《いろど》られた人生

島崎さんは、幼い頃《ころ》、大好きだった祖父が亡くなったとき、「人は死んだら何もなくなってしまう。死ぬのは怖《こわ》い。死にたくない……」という想いを心に強く刻《きざ》むことになりました。

ものごとを悲観的、消極的に受けとめる傾向《けいこう》が強く、後年、子どもたちにも「人生は思い通りにいかないものだ」と言い聞かせていたと言います。

その言葉は、人生の中で何度も心の中に響《ひび》くことになりました。

工業専門学校を卒業後、父親のメッキ工場で働いていた島崎さんは、奥様となるいづみさんと交際するようになり、やがて結婚を決意。しかし、両親に報告すると、思いがけず反対されました。

気持ちは変わらなかったものの、島崎さんの心にあの言葉が響きました。

「人生は思い通りにいかないもの」

そんな島崎さんにとって、奥様のいづみさんはどれほどの支えになったでしょう。明るく前向きな、頑張《がんば》り屋さんのいづみさん。あれほど反対されたのに、結婚後のいづみさんは、何のわだかまりもなく、両親に接してくれたのです。島崎さんは、そんな健気《けなげ》な妻に、心の中で何度も感謝しました。

実家のメッキ工場で懸命《けんめい》に仕事を覚えた島崎さんは、「一人前になって、会社を盛り立てたい」と頑張《がんば》ります。やがて父親から「将来は、お前に会社を継《つ》いでほしい」と言われ、ますます仕事に精を出しました。

それまでにないほど、人生を意欲的に生きていた島崎さんでしたが、それもほどなく脅《おびや》かされることになります。

父親は、島崎さんに語った言葉を遺言《ゆいごん》にすることなく、病で他界。すると兄が、「長男として会社を継ぐ」と言い出したのです。母親も「それがいい」と兄を支持しました。

「父さんは、自分に後を継いでほしいと言っていたのに。何のために頑張ってきたのか……」。それでも、島﨑さんはこの状況《じょうきょう》を受け入れました。

「兄は長男。兄がそう思うのも、母親が兄を推《お》すのも、仕方《しかた》がないかな」

「人生は思い通りにはいかないもの」

その選択《せんたく》には、またしても、あきらめの気持ちが混《ま》じっていたのです。

人生の始まりにあった祖父の死。結婚。そして、会社の継承《けいしょう》――。試練を前にすると、島﨑さんの心は折れそうになってしまい、人生はあきらめに彩《いろど》られてきたのです。

島﨑さんは、第5章で取り上げた4つの心の回路の中の「苦・衰退」の傾向《けいこう》を強め、それを基《もとい》に人生を歩んできたと言えるでしょう。ものごとにすぐに障害のサインを見出《みいだ》し、あきらめてしまう傾向を抱《かか》えてきたということです。

「人生終わった」――確定診断《しんだん》

その島﨑さんの人生に、重い病の現実が立ちはだかろうとしていました。

幼い頃《ころ》、祖父の死に激しく動揺《どうよう》した島﨑さんにとって、治らない病への恐怖がどれほどのものであったか。それは想像を絶するものだったのではないでしょうか。

かかりつけ医から、「ALS《エーエルエス》の疑いがある」と言われたものの、「絶対にALSとだけは診断されたくない」。島﨑さんご夫婦は、病院を転々と渡り歩きました。

お2人は、当初、その事態を受けとめかねていました。当然と言えば当然です。

「どうすれば、この試練から逃《のが》れられるだろう。ALSじゃないってことにしてくれないかな」

「病気になるにしても、もう少し違《ちが》う病気ならいいのに。薬があるとか、少しは治療《ちりょう》の希望がある病気にならないだろうか」

奥様のいづみさんも必死でした。弱気になるご主人を一生懸命《いっしょうけんめい》引っ張って、向こうの病院、こちらの病院と、ご主人のお尻《しり》を叩《たた》いてでも連れてゆきました。

「あの手この手で、とにかく、できることは何でもやってみよう」と、もがいていたのです。

しかし、その甲斐《かい》なく、やがて島﨑さんは、ALSの確定診断を受けます。リーマンショックの影響《えいきょう》で、会社の経営が厳しくなり始めた2009年のことでした。

「人生終わった……」

夫婦にとって、この難病の宣告は、かつて経験したことのない人生のビッグY《ワイ》。死を意味するほどの打撃《だげき》でした。「これから先、いったいどんなにつらく、苦しい日々が待っているのだろう」。そう考えることしかできなくなってゆきました。

人類は、医療《いりょう》の発展によって、多くの病を克服《こくふく》してきました。かつては、かかってしまったらなす術《すべ》がなかった様々な感染症《かんせんしょう》などの病の多くに治療法《ちりょうほう》が見出《みいだ》され、つい先頃《さきごろ》まで死の恐怖を呼び起こしていたがんさえも、不治《ふち》の病ではなくなったと言われています。

ところが、様々な病が治るようになればなるほど、治らない病になったときの絶望は、一層深いものになるのです。

病がもたらす魂の痛み

病によって私たちが抱《いだ》く苦しみとは、どのようなものでしょうか。

最初に直面するのは、現実的な生活の問題でしょう。

それは、病を得た本人だけでなく、周りの方々をも巻き込んでゆきます。

奥様のいづみさんは、告知の頃《ころ》のことを回想して、こうおっしゃっています。

「具体的に、経済はどうなるんだろう、子どもたちはどうなるんだろう、介護《かいご》生活に入ったら、本当に24時間の介護なんてできるんだろうかとか、考えれば考えるほど怖《こわ》くなって、本当に大丈夫《だいじょうぶ》なのかなって思っていたんです」

島﨑さんご本人もまた、生活上の問題を直視せざるを得なくなります。

「目の前が真《ま》っ暗になった。なぜ自分なのか。家族に迷惑《めいわく》をかけるんじゃないかとか、今後、家族がどうなるかとか、そういうことが心配で、どうしたらいいのかわからなかった」

しかし、**実は、こういった生活上の問題による困難以上に、その人の存在のもっとも深い場所、魂の深奥《しんおう》に生じる痛みというものがあるのです。**

その苦しみは、周りの人たちにはなかなか見えません。

それどころか、病を得た本人さえも、その苦しみが何であるのかがわからない場合が少なくないのです。

「いつもと変わりない風景が続く日々。明日は、今日と同じようにやってくる」

意識することもなく、そう思っていた日常が突然、切断され、別の場所に放《ほう》り出されてしまった島﨑さんたちでした。

行き先には何の光も見えない。周囲は絶望の壁《かべ》が立ちはだかり、身動きもできない。

まさに奈落《ならく》の底としか言いようのない場所に、島崎さんたちは身を置いていたのです。

救いの予感

そんなとき、私は、島崎さんとお会いする機会がありました。

島崎さんとご家族がいらっしゃる場所に到着《とうちゃく》した直後のことです。

「この病気になったのは、あなたの心が悪いからではないですよ」

この私の第一声に、島崎さんは衝撃《しょうげき》を受けました。

なぜなら、それは、思ってもみなかった一言であったと同時に、そのときの島崎さんの苦しみの中心を射抜《いぬ》く言葉でもあったからです。

この言葉に、島崎さんの魂は慟哭《どうこく》しました。病からの「救いの予感」を感じ取ったのです。

実は、島崎さんの姿が見えたとき、島崎さんの心は、私にこう訴《うった》えてきたのです。

「私の心が悪かったために、こんなことになってしまいました」

島崎さんの落胆《らくたん》、絶望、虚無《きょむ》——。それらがない交《ま》ぜになって、私の中に流れ込《こ》んできました。

島崎さんは、自分を強く責めていたのです。何よりも島崎さんを苦しめていたのは、「こんなことが起こるのは、自分の生き方が間違《まちが》っていたからではないか」という気持ちでした。

「あのとき、こうしておけばよかった」

「こんなふうにもできたのに。何であんなことをしてしまったのだろう」

人生を振《ふ》り返れば振り返るほど、次から次へと後悔《こうかい》の念があふれてくる。何と不甲斐《ふがい》ない人生だったのか。こんな病になってしまったのは、もしかしたら、天罰《てんばつ》なのかもしれない――。

島崎さんの苦しみの根本《こんぽん》には、自分自身の存在に対する強い否定がありました。

私は、何よりも真《ま》っ先に、島崎さんに、それがまったくの思い違《ちが》いであることをお伝えしなければならないと思ったのです。

同席していた奥様のいづみさんも、そのときの様子をこう振り返られています。

「その瞬間《しゅんかん》、主人の顔が急に明るくなったんです。私は、主人の気持ちを全然わかっていませんでした。こんなに傍《そば》にいる自分が察することもできなかったのに、その一言が、主人の1番の苦しみを取り除いてくれたんです」

ご本人も、「そこからやっと、病気に向かおうとするエネルギーが出てきた」と語られました。

この出会いを通して島崎さんの魂の中に生じた経験は、すぐに身体にも反映してゆきます。

この出会いの前、島崎さんの顔は、土気色《つちけいろ》でどす黒く、まったく生気《せいき》が感じられなかったのが、出会いを終えて帰る頃《ころ》には、顔に血の気が戻り、明らかな赤みがさし、様子が一変《いっぺん》してしまったのです。

家に帰ったときに、末の娘さんはこう言いました。

「お父さん、なんか、すがすがしくなったね」

老病死《ろうびょうし》の再定義

病から人生を取り戻す――。

その歩みにおいてもっとも大切なことは、魂に重心をつくるということです。


まず、知っていただきたいことは、私たちの「心」のことです。

この世界では、「心」は、その大本《おおもと》にある「魂」と、私たちの姿を形づくっている「肉体」という2つから影響《えいきょう》を受けます。

唯物的《ゆいぶつてき》人間観・世界観で生きるとき、「心」は、物質である「肉体」からの影響が大きくなっています。

このとき、「生老病死」の後半の3つ——「老病死」は、どのように私たちの人生に立ち塞《ふさ》がるのでしょうか。

老いは、徐々に力を失い、しりすぼみになってゆく「減衰《げんすい》」を意味します。

病は、多大なハンディ、重荷を背負うこと。つまり、「障害」です。

死は、すべてが消えてしまうこと。「消滅《しょうめつ》」です。

肉体にとって「老病死」は、「減衰」「障害」「消滅」——。苦痛以外の何ものでもないのです。

一方、私たちが、肉体を超えた永遠の生命であることに目覚めるとき、つまり「永遠の生命の人間観・世界観」に立つとき、心に「魂」の重心が生まれます。

そこでは、「老病死」は、新たに再定義されるのです。

老いは、肉体的には減衰であっても、魂にとっては、人生の深まりを迎え、その完成期へと向かうことを意味します。それは、それまでの経験を豊かに実らせ、最後の大仕事を果たす人生の「完成」期となるのです。

病についても、捉《とら》え方がまったく異なります。魂にとって病は、それまでの人生を振《ふ》り返り、新たな人生をスタートさせる「転換《てんかん》」点となるのです。

そして、魂にとって、死は一切《いっさい》の終末ではありません。それは、この世（現象界《げんしょうかい》）を旅立ち、あの世（実在界《じつざいかい》）に生まれ出る節目《ふしめ》のとき。つまり、新たな世界への「飛躍《ひやく》」のときとなるのです。

第1章から第5章でご紹介した5人すべての方が、この魂の重心をつくることによって、目の前の事態を引き受ける力を引き出してゆかれました。

そして、島崎さんも、まさに同じ道を歩むことになったのです。

10倍・100倍のレバレッジをつくり出す力

その後も折あるごとに、私は島崎さんご夫妻にお会いし、対話の時を重ねてゆきました。

その中で、島崎さんはこう思うようになったのです。

「もし、この病を通して魂が果たしたい願いがあるならば、それを知りたい。そして、その願いを生きてみたい」

病状は、その後も少しずつ悪化してゆきました。

次第に呼吸が困難になってきた島﨑さんは、人工呼吸器を付けるかどうかの選択《せんたく》を迫《せま》られることになります。

人工呼吸器を付けなければ、命を失います。しかし、人工呼吸器を付ければ、24時間の介護《かいご》が必要になることから、患者さんの中には「付けない」という選択をする人も少なくありません。

島﨑さんは、「決して1人で病気を背負わせることはしないから」という奥様の言葉に、生きる道を選びました。

気管を切開し、のどに管《くだ》を入れ、24時間介護されることになった島﨑さん——。

島﨑さんの姿を見れば、誰《だれ》もが「不自由な身体に完全に支配されている」と思うかもしれません。

もし、島﨑さんの心が肉体に支配され、心の重心が肉体の側に傾《かたむ》いていたら、まさに不自由な肉体に支配される人生を生きざるを得なかったでしょう。そして、人生行き止まりになったに違《ちが》いありません。

しかし、島崎さんの心の重心は、すでに魂の側にありました。

そのことによって、島崎さんは、病気になる前には味わったことがない気持ちに満たされてゆくのです。

実際、島崎さんが体験しているのは、圧倒的《あっとうてき》な身体的不自由の中にあっても、これまで経験したことのない心の自由です。

「たとえどんな状況《じょうきょう》にあっても、魂は自由」

それは、リアルで鮮烈《せんれつ》な実感でした。

考えてみてください。病になる前の島崎さんが出会った試練の重さを1とすれば、ALS《エーエルエス》という試練は、どれほどの重さでしょうか。10かもしれず、100かもしれません。

かつての島崎さんは、「苦・衰退《すいたい》」の傾向《けいこう》を抱《いだ》き、たった1の重さの試練にも障害のサインを見出《みいだ》して、あきらめに彩《いろど》られた人生をつくっていました。

その上に、ALSという試練が、何十倍もの重さでのしかかってきたのです。

普通に考えるならば、島崎さんが人生を手放《てばな》してしまうのは、火を見るよりも明らかであったはずです。

しかし、島崎さんは、魂の重心を確かにすることによって、10倍、100倍のレバレッジ

（てこの原理）の力をつくり出し、人生を取り戻す歩みを始めたのです。

魂の炎のバトン

難病とともに生きてゆく心を準備した島崎さんに、具体的な生き方を示してくれた先《せん》輩《ぱい》がいました。「魂の学」を実践《じっせん》しながら、ＡＬＳ《エーエルエス》に向き合った故・叶内立郎《かのうちたつろう》さんです。

山形県で工場を経営していた叶内さんは、58歳のとき、ＡＬＳを発症《はっしょう》。病を抱《かか》えながら、日本ＡＬＳ協会の副会長として、難病に見舞《みま》われた方やその家族の生活が守られるように、国にはたらきかけた方です。それによって、支援《しえん》の体制が整《ととの》えられ、ＡＬＳで苦しむ方々への大きな助力となりました。

「重い病になっても、あんなふうに、本当にいきいきと生きているのはすごい。しかも、社会的に大きな役割を果たされている。姿を見るだけで希望が持てます。本当に有難《ありがた》かったです」

叶内さんは、12年の闘病生活の後、２００５年に他界されました。同じ苦しみをもつ多くの方々に、生きる希望を与《あた》え続けた人生でした。

叶内さんの肉体は、もうこの世界にはありません。

しかし、その人生を通して、叶内さんの魂がつくり出した希望の光は、今も、この世界から消えることはありません。1人の人間の中に宿った魂の炎は、多くの後世の人々に引き継《つ》がれてゆくのです。

島﨑さんもまた、叶内さんから魂の炎のバトンを受け継いだお1人です。

島﨑さんにとって、叶内さんは生き方のモデル、行動のモデルでした。

懸命《けんめい》に生きる叶内さんの姿を見た島﨑さんは、「ベッドの上でも、自分ができることに挑戦《ちょうせん》してみよう」と立ち上がります。

「ベッドの上でもできることがある」――。それは、GLAにおいて、病を得《え》た多くの方々の支《ささ》えとなり、導《みちび》きとなってきた言葉です。

島﨑さんもその言葉を杖《つえ》として、叶内さんをはじめ、多くの実践者の歩みに大きな助力を得て、新たな挑戦に向かうことになったのです。

不自由な肉体の中でも魂はいきいきと活動している

島﨑さんは、ごくわずかに動く手足の指、目の上の筋肉を使って、CG（コンピュータグラフィックス）で絵を描《えが》き始めます。まるで何かに取り憑《つ》かれたように、寝る時間も惜《お》しんで、ひたすら作品をつくり始めたのです。

島﨑さんが、これまで絵画に強い関心をもっていたわけではありません。ですから、この行動は、決して人生の空白の時間を埋《う》める趣味《しゅみ》の時間ではありませんでした。

島﨑さんの魂が、それをすることを促《うなが》したのです。

「不自由な肉体の中にあっても、私の魂は、このようにいきいきと活動している」

島﨑さんの絵は、魂の生命力の表現だったのです。

島﨑さんの作品は、やがて友人たちの目に留《と》まり、展覧会の企画がもちかけられます。その評判は高く、毎年開催されるようになり、マスコミからも注目されました。

さらに大学から「学生に病の経験を話してほしい」との依頼《いらい》が来て、講演をすることになったのです。

学生たちからは、こんな感想が寄せられました。

「島﨑さんはとても明るく、笑顔がすてき」

「何の有難《ありがた》みもなく生活している自分が、恥《は》ずかしくなった」

「島﨑家は前向きで、楽しんでいる。心のもちようが本当にすごい」

「家族愛がもっとも印象に残った」……

15年前、突然、ALS（筋萎縮性側索硬化症）の診断を受けた島﨑さん。家族ともども奈落の底に突き落とされたような日々が始まった。しかし、ある日、著者の一言によって、絶望に沈む島﨑さんの心に一条の光が射す。その光は、島﨑さんの魂を目覚めさせ、本当の人生を取り戻してゆく原動力となった。たとえ肉体が不自由でも、魂はいきいきと輝き、周囲の人々を照らし、希望を与えることができる。そのことを、島﨑さんは身をもって私たちに伝えている。

島崎さんの精力的な活動には、家族の皆さんも驚いています。というのも、その姿は、病気になる前の島崎さんからは、想像もできないものだったからです。

「病気になった今の方が、元気で輝《かがや》いている」

それが、周りの人たちの率直な感想です。

病によって人生を手放《てばな》してしまう理由の1つは、今までできていたことが急にできなくなってしまうことです。

多くの人は、病は一方的にできることを奪《うば》ってゆくと思っています。確かに、病を得て肉体の能力が奪われてゆくことは、ある意味で仕方がないことです。

しかし、私たちの魂の力は、決して奪われることはないのです。むしろ、試練の中で、魂の力はますます拡大してゆくことさえあるのです。

島崎さんの人生は、魂の力を発揮《はっき》するということが、机上《きじょう》の空論《くうろん》ではなく、慰《なぐさ》めのための仮定の話でもないことを教えています。

病の中で、島崎さんが新たにできるようになったことは、かつて人生があきらめの連鎖の中にあったときには、決してできなかったことでした。それは、病が島崎さんの中から引き出した魂の力であったということです。

頂いたもの・差し上げたもの

そして、病によって人生を手放《てばな》してしまうもう1つの理由があります。それは、常に周囲の人たちの援助《えんじょ》を受けないと、生きることができなくなることです。

人は、周りから頂くだけでは、幸せになることはできません。私たちは、人に何かをして差し上げることによって、自分も元気になるのです。

頂くとともに、差し上げる。そして、差し上げたものが自分に戻り、頂くことになる。このエネルギーの循環《じゅんかん》によって、私たちの魂はいきいきと活動できるのです。

しかし、重篤《じゅうとく》な病のときは、どうでしょう。エネルギーの循環、双方向性《そうほうこうせい》がなくなり、周りの人から頂くだけの関係になる。多くの人がそう思い込んでいます。

してもらうだけの人生なら、生きている意味はない。そう考える方も少なくはないでしょう。むしろ、人生を真面目《まじめ》に捉《とら》えれば捉えるほど、周りの方と誠実な関わりを結ぼうとすればするほど、その気持ちは強くなり、人生を投げ出してしまいたい衝動《しょうどう》に駆《か》られるのです。

しかし、病を得るとき、周りの人との関係は、本当に一方向になってしまうのでしょうか。

島崎さんの生き方は、この認識を完全にひっくり返すものです。

奥様のいづみさんをはじめ、島崎さんのご家族は、島崎さんに対して献身的《けんしんてき》な介護《かいご》に尽《つ》くしていらっしゃいます。しかし同時に、ご家族は、病を得た後の島崎さんの生きる姿に、多大な影響を受けることになったのです。

島崎さんとご家族との間には、かつてないほど活発な双方向のエネルギー循環が生まれています。

義妹《ぎまい》のかおりさんは、「清兄《きよし》さんが、自分のことだけでも大変なのに、いつも他の人たちのことを心配し、悩みを聞いて一緒《いっしょ》に解決しようとしてくれるので、重い病を背負っていることを忘れてしまうくらいです」と言っています。

長男の正康《まさやす》さんは、「かつて幼い頃《ころ》、テレビを見ていて、人の助けを借りて生きるくらいなら、俺は死んだ方がましだと言っていた父が今、人の助けを借りて生きているなんて（父は変わった）。自分は、父を支えているけれど、それによって、自分の方がエネルギーをもらい、感謝している」と言います。

長女の今日子《きょうこ》さんは、「ALS《エーエルエス》には、人工呼吸器を付けないという選択肢《せんたくし》もあるけれど、生きて新たな挑戦《ちょうせん》をする選択をした父が、身体は不自由になってもこういう生き方ができるということを見せてくれて、すごく希望になった。だから、ありがとうという感謝の気持ち。父は前よりも明るいし、身体は不自由だけど、心は自由になっている」と語ってくれました。

息子さんが語っていたように、かつて島﨑さんは「人の助けを借りて生きるくらいなら、死んだ方がまし」と思っていました。

人に迷惑をかけることだけはしたくない。自力で何とかしてこそ、自分の人生――。他力なんて耐《た》えられない。そう思っていたからでしょう。

しかし、私たちは、自分1人で生きているつもりでも、実は、多くの人々の助けを借りて生きているのが事実です。私たちの生活のインフラ1つとってみても、膨大《ぼうだい》な数の人々の助力があって成り立つものです。

何より、私たち自身がこの世界に立ち現れてくるために、両親をはじめ必要不可欠だった人たちがいるのです。つまり、私たちは、誰《だれ》もが最初から「生かされて生きる」存在です。自力と他力は1つ。島﨑さんは、自分を開いて、その「生かされて生きる」事実を受け入れ、その醍醐味《だいごみ》を生きているのです。

そして、島﨑さんの介護に関わる中で、ご家族の中に介護の資格を取得する方も出てきたのです。これは、誰も予想しなかった展開でした。

それは、単に島崎さんの介護のためだけではないでしょう。島崎さんの生き方に触《ふ》れることによって、「同じように病で苦しんでいる人たちのために、何かできることはないだろうか」と考え始めているのです。

島崎さんの生き方は、周りの人たちの生き方まで変えてしまいました。周囲にこれだけのものを差し上げることができたということです。

島崎さんに襲《おそ》いかかった病は、人生のビッグY《ワイ》。それは、すべてを奪《うば》い去り、壊《こわ》し、生きようとする意欲さえも失わせてしまうものでした。

しかし、島崎さんは、その絶望的な病の中で、肉体に翻弄《ほんろう》されない魂の感覚を取り戻し、ご家族の支えを得て、その実感を周囲の方々に伝え始めました。

それればかりでなく、ご家族は、さらに「自分たちにできることはないか」と訪問介護事業所を立ち上げ、次なるミッションに応《こた》えようと歩み始めています。

今、島崎家の夢は大きく膨《ふく》らみ、輝《かがや》く未来に向かっています。

外見は以前と変わらぬ島崎さんであっても、その内側には、まったく新しい島崎さんが生きているのです。

第7章　「喪失《そうしつ》」から取り戻す

人生の時間を共に過ごしたかけがえのない人が、
ある日突然《とつぜん》、この世界から去ってしまう。
大切な人との死別――。それは、
遺《のこ》された者に大きな喪失感《そうしつかん》をもたらし、
生きることが困難になるほどの打撃《だげき》を与《あた》える。
しかし、試練は呼びかけ――。
誰《だれ》もが遠ざけたいと思っている試練や喪失の中で、
人は新たな扉《とびら》を開き、今まで体験したことのない
新たな人生のステージに踏《ふ》み出すことができる。

「喪失《そうしつ》」——大切な人との死別

本章では、大切な人との死別を取り上げます。

人生の時間を共に過ごしたかけがえのない人が、ある日突然《とつぜん》、この世界から去ってしまう。

そんなとき、私たちは、大きな喪失感を覚えることになります。生きてゆくことが困難になるほどの打撃《だげき》を受けるのです。

人間がどのような出来事にもっとも強いストレスを受けるのかを調査したランキングがあります（254ページ）。その上位3項目《こうもく》は、

1　配偶者《はいぐうしゃ》（夫・妻）や恋人の死

2　親族の死

3　親しい友人の死

となっています。

このランキングが示しているのは、もっとも大きなストレスをもたらすのは、身近な人との別れであるということです。妻や夫、祖父母、親友を失うことは、埋《う》め合わせることのできない喪失体験であり、人生に大きな節目《ふしめ》をつくります。

ストレスランキング

1 配偶者（夫・妻）や恋人の死

2 親族の死

3 親しい友人の死

4 家族の病気、怪我

5 離婚

6 配偶者・恋人・子どもの暴力

7 自分の病気やけが

8 多忙による心身の過労

9 失業・リストラ

10 配偶者や恋人の浮気

11 恋人との別れ

12 勤務している会社の倒産

13 配偶者（夫・妻）との別居

14 収入の減少

15 職場の人間関係のトラブル（上司、同僚部下、顧客など）

16 夫婦や恋人との喧嘩の増加

17 150万円以上の借金（住宅ローン除く）

18 ご近所とのトラブル

19 親戚とのトラブル

20 睡眠習慣の変化（不眠、過眠、不規則）

神戸市精神保健福祉センター「ストレス マウンテン」より

その中で、自分の人生を手放《てばな》さざるを得なくなってゆく人も、少なくはないでしょう。そのような喪失から、どのように人生を取り戻すことができるのか――。

それが本章のテーマです。

ここまで繰《く》り返しお話ししてきたように、人生には、楽しいこと・うれしいこと・得をすることのX《エックス》と、苦しいこと・悲しいこと・損をすることのY《ワイ》が混在しています。Xだけの人生もなければ、Yだけの人生もない。人生は、その両者があって成り立ち、深まりを迎《むか》えるのです。

しかし、私たちの意識に強く刻印されがちなのは、人生のYです。

世の中に、出会いの歌よりも別れの歌の方が多く生まれていることも、そのことと無関係ではないでしょう。

出会いが私たちの人生にXを運んでくるのに対して、別れはYを運んでくるのです。

大切な人との別れが痛切な痛みをもたらすからこそ、その心を慰《なぐさ》め、癒《い》やすために、人は歌をつくらずにはいられないのではないでしょうか。

死別は、そのような別れのYの中でも、最も重いY――。まさに、「ビッグY」と呼ぶべき最大級の困難を、私たちの人生に運んでくるのです。

「死」と向き合う力の衰退《すいたい》

これまで人間の死を正面に見据《みす》えて取り上げてきたのは、宗教でした。

しかし、現代社会において、宗教の力の失墜《しっつい》は、著《いちじる》しいものがあります。

新型コロナウイルス感染症《かんせんしょう》は、弱体化した宗教の存続にとどめを刺《さ》すのではないか――。そんな予感を語る人たちさえいます。

実際、感染症のパンデミックという人類の危機に対して、宗教は、その解決の道を示すことができずにいました。重要なオピニオンを出すこともできず、宗教の無力を、一層、顕在化《けんざいか》させてしまったのです。

日本においても、事情は変わりませんでした。

ほとんどの寺院は、3密の回避《かいひ》ということを名目《めいもく》に、ライブハウスや飲食店と同じように、山門《さんもん》を閉じてしまいました。一部を除いて、多くの寺院が沈黙《ちんもく》し、この事態に対して何もできなかったのです。

「遺体《いたい》を怖《こわ》がる僧侶《そうりょ》」も話題になりました。

ある僧侶のグループは、患者の遺体からの感染を警戒《けいかい》し、遺族との「お別れの時」をもたずに、早急に火葬《かそう》することを推奨《すいしょう》しました。

しかし、本来、僧侶は、「お別れの時」を司《つかさど》るプロフェッショナルであるはずです。単純に画一的《かくいつてき》な対応を取るのではなく、状況《じょうきょう》に応じて、様々な工夫《くふう》を行うことはできなかったのでしょうか。

本当に残念なことですが、今回の危機に対して、宗教界は、なす術《すべ》なく、ただ手をこまねいて見ているほかなかったのです。

第1章でも取り上げたように、コロナ禍《か》に果敢《かかん》に立ち向かったのは、医療者《いりょうしゃ》や高齢者施設などの皆さんでした。

宗教者は、人間の死の問題に関して、誰《だれ》よりも専門家であるべきです。しかし、私たちがこの世（現象界《げんしょうかい》）での最期を迎《むか》えるとき、そこに立ち会うのは宗教者ではなく、医療者になってしまったのです。

最期のときに向かうプロセスを同伴《どうはん》するのも、医療者です。宗教者のはたらきはと言えば、死後の葬儀《そうぎ》や宗教的儀典《ぎてん》を司《つかさど》ることに限定されてしまっています。

しかも、近年では、葬儀さえも形骸化《けいがいか》し、その本来の使命を果たせない状況になっているとは言えないでしょうか。

そのような中で、葬式を縮小し、お墓を簡略化《かんりゃくか》するといった動きも生まれています。

現代社会において、宗教の居場所は、急速に縮小してきているのです。

「死」に現れた現代の危機

新型コロナウイルス感染症《かんせんしょう》が爆発的《ばくはつてき》な勢いで世界を席巻《せっけん》した初期、多くの人々が急増する感染者数と死者数におののき、死の恐怖に直面しました。亡《な》くなった方々のご遺体《いたい》に対して、極度の制限が課せられたことも、そうした状況《じょうきょう》が引き起こした現実でした。

感染を防ぐために、遺体は非透過性納体袋《ひとうかせいのうたいぶくろ》に収《おさ》められ、家族の死に立ち会うこともできない異常事態が生まれたのです。それどころか、葬儀《そうぎ》や火葬にあたって、親しい故人の顔を見ることも、葬儀の場で見送ることとさえできないケースも多々生じていました。臨終《りんじゅう》に立ち会うこともできず、病院から亡くなったとの知らせが届いただけで、お別れの機会もなく、しばらくしてお骨《こつ》が自宅に届けられる――。

日本人にとって、亡き魂を見送ることは、特別な人生の節目《ふしめ》であり続けてきました。絆《きずな》を結んだ故人との関わりは、私たち自身の人生の一部でもあります。

その背景にあったのは、人間をただ物質的な存在とは見なさない人間観でした。私たちは物質を超える魂の存在であり、霊的な次元を備えた存在であるという了解《りょうかい》が、わが国にはありました。それは仏教の大半も、神道《しんとう》においても変わりません。

人は亡くなっても無に帰《き》すわけではなく、死んでも死んでいない。それが、私たち日本人が親しんできた死生観《しせいかん》です。

「魂の学」の人間観・世界観においても、死は1つの通過点でしかなく、生命はそこで終わることなく続いてゆくものです。

人間は物質的な存在を超える魂の存在——。生死《しょうじ》を超える願いを抱《いだ》き、その成就《じょうじゅ》のために、肉体を得て、この地上を修行所とし、幾度《いくど》もの人生を通して魂を磨《みが》き、育んでゆく。人生に刻まれた経験の総体は、私たちの魂そのものであると言っても過言ではありません。

亡き魂が歩んできた人生の重みを受けとめ、その足跡《そくせき》を想い、冥福《めいふく》を祈る。知人と一緒に故人の思い出を語り合い、在りし日の姿に想いを馳《は》せながら、魂の安寧《あんねい》を祈る——。それは、故人を敬い、偲《しの》ぶことであると同時に、私たち自身の人生への想いを深めることでもあるのです。

そして、葬送《そうそう》の場に参列することは、亡き魂と関わった自らの人生の時間を際立《きわだ》たせ、そこから残りの人生への切実なバトンを受けとる意味もあるのです。

そうした特別な体験がすべて失われ、厳《おごそ》かな気配《けはい》が流れる時間も、その気配の中で故人と語り合う時間も奪《うば》われてしまったのです。

それは、コロナ禍《か》によって、故人のたどってきた人生に想いを馳せ、故人との別れの時間を過ごすことの「価値」や「意義」がないがしろにされてしまったということではないでしょうか。

そして、実は、それはコロナによる危機というだけではないのです。なぜなら、**死生《しせい》観《かん》そのものが、人間を物質を超える存在と受けとめるまなざし自体が、脅《おびや》かされているのが今日《こんにち》だからです。私たちは、それを守ってゆかなければなりません。**

せめて、私たちは、この事態が呼び覚《さ》ました、人生における死別の意味とかけがえのない存在の喪失《そうしつ》の真実に想いを馳せたいと思うのです。

喪失《そうしつ》がもたらすものがある

喪失体験は、単に苦しみや悲しみをもたらすだけではないということも考えておかなければなりません。

これまで日本人が経験した中でもっとも大きな喪失は、約80年前の第2次世界大戦の敗戦と言えるのではないでしょうか。それは、先に挙げたストレスランキング上位の3つの痛みを、どの出来事よりも広く深く、日本中にもたらしたからです。

戦前、わが国は八方塞《はっぽうふさ》がりの状況《じょうきょう》の中で、10に1つの勝機《しょうき》に賭《か》けて開戦に踏《ふ》み切ったと言われています。

しかし、その結末はあまりにも悲惨《ひさん》な現実でした。東京、名古屋、大阪、福岡など主要都市は焼け野原になり、広島、長崎には原爆が投下され、戦死者は軍人・軍属、民間人合わせて310万人――。無数の家々に喪失の痛みがあふれ、絶望の闇《やみ》が日本全土を覆《おお》ったのです。

焼け野原になった日本の惨状《さんじょう》を知った海外の人々の中には、「この国が再び発展することはないだろう」と思った人も少なくなかったと言います。

しかし、人々は、喪失感の中でも無力になったわけではありませんでした。戦争と敗戦によって多くを失っても、未来への希望を手放《てばな》すことなく、その後、20年足らずの歳《さい》月《げつ》で、目覚ましい復興《ふっこう》と経済的発展を成し遂《と》げたのです。

「奇跡の復興」と呼ばれるその歩みは、あの巨大な喪失体験を経《へ》たからこそ達成できたと言えるのではないでしょうか。

誰《だれ》もが「苦しくつらいY《ワイ》を遠ざけ、楽しくうれしいX《エックス》だけを引き寄せられたらどんなによいだろう」と考えています。

しかし、人生の方程式は、「人生＝X×Y」。「人生＝X＋Y」ではありません。Xだけの人生もなければ、Yだけの人生もありません。

そして、人は、Xの中にいるとき、立ち止まることができないという弱点をもっています。なぜなら、そこに「このまま進んでよい」とのサインを見てしまうからです。Yがやってきて、初めて人は立ち止まり、新たな生き方を模索《もさく》できるのです。Yは、「これまでのやり方ではダメだ」「新たな生き方を探しなさい」というサインだからです。

「痛みは呼びかけ」であり、「試練は呼びかけ」なのです。

誰もが遠ざけたいと思っている人生のYの中で、人は新たな扉《とびら》を開き、今まで体験したことのないステージに踏《ふ》み出すことができます。

そしてだからこそ、私たちは、生きているならば避《さ》けることのできない「喪失」に、真剣に向き合う必要があるのです。

第1の喪失《そうしつ》——母親との別れ

これからお話しする1人の女性の物語は、まさに言葉にできないほどの深い喪失と切り離すことができません。

その女性は、福田裕子《ふくだゆうこ》さん。福田さんは、現在、岩手県に本社のある社員数500名を超える福祉《ふくし》用品の販売会社の役員をされています。

見るからに明るく元気でエネルギッシュに行動する福田さん。しかし、もともとは、自分に自信がなく、引っ込み思案《じあん》の一面を抱《かか》えていました。

「あなたの心の中から『どうせ私なんて』というつぶやきが聞こえてきますよ。でもあなたの中には、人に負けない素晴らしい力がある。それをこれから、引き出してゆきましょう」

かつて、福田さんが30代だった頃《ころ》、あるセミナーでお会いしたとき、私はそう声をかけたことがあります。

そんな自信のなさを抱《かか》えていた福田さんは、最初は3人から始まった会社で、事務担当として勤め始めました。やがて営業を担当するようになり、1つ1つの責任に応《こた》える中で、何ごとにも積極的で前向きに取り組む新しい自分を引き出してゆきました。

その歩みを支えたのが「魂の学」との出会いです。最初は萎縮《いしゅく》して営業の仕事をしていた福田さんでしたが、「魂の学」で学んだ「人は出会いによって人となる」というまなざしによって、やがて「今日はどんな人と出会えるのだろう」と、ワクワクした気持ちで仕事に向かうようになり、現在の責任を担《にな》うまでになったのです。

その福田さんが、親しい人との別れ――人生のビッグY《ワイ》と否応《いやおう》なく向き合わなければならなかったのは、2011年の東日本大震災のときでした。

地震直後、母親が行方不明《ゆくえふめい》になり、福田さんは、来る日も来る日も避難所《ひなんじょ》と遺体安置《いたいあんち》所《じょ》を探し回ります。

そこで目にした夥《おびただ》しい数のご遺体《いたい》。中には小さな子どもたちの亡骸《なきがら》もありました。あまりの痛々しさに、福田さんの気持ちは憔悴《しょうすい》してゆきました。

そんな中、2週間後に、母親の亡骸に出会うことができたのです。

実は、それまでに何度もその亡骸を目にはしていたそうです。けれども、あまりに様子が違《ちが》い、それが母親だとは思えなかったのです。

弟さんが、「若いときの母に似ている感じがする。もしかしたら……」と言って、遺品を見せていただくと、その中に、福田さんがお母様に差し上げた指輪があったのです。

昔、母親から「どうしてもその指輪がほしい」と言われ、プレゼントしたものでした。それが決定的なしるしとなり、亡骸を引き取ることができたのです。

しかし、母親だとわかっても、福田さんがその現実を受け入れることは容易ではありませんでした。

助かった方の話を聞けば聞くほど、「何であれほど苦労した母が、こんな目に遭《あ》わなければならなかったのか」。そんな気持ちにもなりました。

その気持ちを責めることは、誰《だれ》もできないでしょう。故人に対する気持ちが強ければ強いほど、そんな気持ちに苛《さいな》まれてしまうものです。

魂は救われていた

お母様のご遺体《いたい》が火葬《かそう》される前日、被災地《ひさいち》を回り、全国からの支援物資《しえんぶっし》を届けていた私は、大船渡《おおふなと》にあるGLAの三陸《さんりく》会館を訪れていました。そのとき、福田さんもそこに来られていました。

「先生……」

「菅野真津子《かんのまつこ》さん（お母様）のことで、私があなたに伝えられることがあるから、それをお伝えしにね。そのために来たの」

「(泣きながら) ありがとうございます……」

私は、心に映った1つのヴィジョンをお話しさせていただきました。

濁流《だくりゅう》の中で人々が流されてゆく。しかし、「魂がその濁流に流されないように」と、多くの光の存在がその魂を引き上げている。天と地の間に、無数の光の回廊《かいろう》が降ろされている——。

そして、お母様が伝えてくる光景と想いをそのまま福田さんにお伝えしてゆきました。

「お母様は、陸前高田《りくぜんたかた》の『道の駅』にいらして、大津波に遭遇《そうぐう》された。最初は、何が起こったのかわからなかったそうです。

すぐに動転して身動きが取れなくなっていた若い人たちを『みんな、こっち』と出口に導こうとされたのですが、次の瞬間《しゅんかん》、爆風《ばくふう》のような衝撃《しょうげき》が襲《おそ》い、時間も空間も止まってしまった。

そして気づいたら、光のドームの中にいたそうです。阿鼻叫喚《あびきょうかん》の泥沼《どろぬま》のような状況《じょうきょう》に光の天使の梯子《はしご》がかかって、そのドームの中だった——」

「その後、お母様の魂は、裕子《ゆうこ》さんが探されているのも、ご主人が探されているのもご存じで、あなたの傍《そば》で一生懸命《いっしょうけんめい》、『お母さんは大丈夫《だいじょうぶ》、ここにいるから』って話しかけていたって言っていますよ」

「そうなんですね（涙）……」

「私たちは、忘れちゃいけない。確かに命は尊い。でも、この現象界《げんしょうかい》ではどんなに頑《がん》張《ば》っても、どんなに備えても、命を失ってしまうことがあります。そのとき、多くの光の存在が魂を導こうと尽《つ》くしてくれていたんです」

「遺体安置所《いたいあんちじょ》に行かれて、お母様がいらっしゃるか、お母様の知り合いの方はどうか、探されていたでしょう。そのとき、本当に小さな子どもまで泥《どろ》だらけになって、傷ついて。『どうしてこんな目に遭《あ》うの？　何でなの？』っていうお気持ちでしたよね。『みんなどうしてこんな目に遭わなきゃいけないの？』って思わずにはいられなかった――」

「そうです。そう思いました」

「そう思わずにはいられない。けれども、肉体は汚れても、魂は汚れない。それを守ってくれる存在があった。そのことは忘れないでくださいね」

私と一緒《いっしょ》に、もう1つの世界とのやりとりを重ねる中で、福田さんの心に1つの想いが明かりのように灯《とも》りました。

「母は救われなかったんじゃない。救われていたんだ――」

そして、その光が福田さんの中に広がってゆきました。

孤独《こどく》の記憶に注《そそ》がれた光

そのとき、私の中にひときわ強く流れ込《こ》んでくる想いがありました。亡くなったお母様の魂が、「伝えてほしい、伝えてほしい」と言ってこられたのです。するると、今度は、私を通して、福田さんに語りかけるということが起こったのです。

――北海道に行ったのは、決してあんたを置いて行ったわけじゃない。お父さんの都《つ》合《ごう》で、どうしても北海道に渡らなきゃいけなかった。――

お母様はそう語りました。

「裕子《ゆうこ》さん。お母様が、こうおっしゃっていますよ。何のことか、わかりますか」

「わかります」

お母様が、なぜこの言葉を伝えてきたのか。それには深い理由があったのです。

それは、福田さんが6歳のときのことでした。

福田さんの父親は、大工の職人でした。福田さんが暮らしていた三陸の大工さんは、古くから気仙《けせん》大工と呼ばれ、独特の気風《きふう》をつくり上げていました。

気仙大工は、様々な地域に出稼《でかせ》ぎに行くのが慣例で、父親も当時、北海道で仕事をしていました。母親は、3歳だった弟を連れて父親のところに出かけてゆきました。

一方、福田さんは祖母に預けられ、家族と離ればなれに生活することになりました。まだ小学校に上がる前の幼い子どもです。お父さんとお母さんが大好きだった福田さんは、どれほど心細く、寂《さび》しかったことでしょう。

「なぜ、私は一緒《いっしょ》じゃないの?」

夜独《ひと》りになると、布団《ふとん》の中でいつの間にか涙がこぼれ、泣いていました。

「自分は置いていかれた」という想いが福田さんの心に強く刻まれ、それ以降、福田さんは、「魂の学」に出会うまで、「どうせ私なんて」とつぶやき、自信がもてず、引っ込《こ》み思案《じあん》になっていったのです。

お母様もまた、当時の自分が娘に与《あた》えた影響《えいきょう》の重大さに気づいていました。

「いつかこのことを裕子に伝えなければならない」

お母様の魂は、自分がどんなに裕子さんを愛していたか、大切に思っていたのか、何度も伝えてきました。

小学校でオール5の成績を収《おさ》め、地域の有名な進学校に入学した裕子さんのことを、どれだけ自慢《じまん》に想い、誇《ほこ》りにしていたことか――。

生前からずっとそのことを心に秘《ひ》めてこられたお母様は、ようやくその思い残しを解消することができたのです。

「母は今も生きているんだ」

かけがえのない存在との死別、喪失《そうしつ》とは、一切《いっさい》を失うことではなく、つながり方が変わること――。

福田さんの心の奥深くに刻まれていた孤独の記憶。どうすることもできずに、心の暗がりの片隅《かたすみ》に置かれたその記憶に光が注がれ、福田さんの喪失《そうしつ》の痛みは、深く癒《い》やされていったのです。

人生のY《ワイ》の中で見出《みいだ》した願い

母親を亡《な》くした深い悲しみが癒《い》やされてゆくにつれて、福田さんの中に生まれた想いがあります。

「母と父が生まれ育ったこの地に生きる人たちに恩返しをしたい」

それは、電撃《でんげき》のように訪れた直感でした。

そして、福田さんは、「母が生きた土地に、『街角《まちかど》の教会』のような場所をつくることはできないだろうか」。そう考えました。それぞれが背負った人生の重荷《おもに》を下ろすことができる場所。1階はカフェで、皆さんの憩《いこ》いの場。2階はマルチスペースとして、地域の方々に自由に使っていただく。

その場の名称は、「ぷねうま」。私がかつてよくお話ししていた宇宙の隅々《すみずみ》に流れる大いなる存在の息吹《いぶき》、大いなる光の流れを表す古代ギリシャ語のプネウマ（pneuma）から取りました。宇宙に遍《あまね》く存在する光の流れが現れることを願って、名付けたのです。

福田さんは、人生の途上《とじょう》で、震災という荒波をまともに被《かぶ》ることになりました。

普通なら、「何で私がこんな仕打ちを受けなければならないのか」と運命を憎《にく》み恨《うら》んで、その後の人生を生きても不思議《ふしぎ》ではありません。しかし、福田さんは、その憎しみや恨みになりかねない想いを、「周囲にいる方々を少しでも支えたい」と、献身《けんしん》と奉仕《ほうし》の精神に転換《てんかん》されたのです。

第2の喪失《そうしつ》——伴侶《はんりょ》との別れ

そして、福田さんが経験したもう1つの喪失——。それはご主人との別れでした。

ご主人の健次《けんじ》さんは、盛岡市役所の職員として、長年、地元に貢献《こうけん》された方です。また、47年という長きにわたり、継続《けいぞく》して障がい者のボランティア活動に尽《つ》くされ、2016年には岩手県社会福祉大会長賞を受賞されました。

その健次さんが、2019年8月23日、急性心不全で突然《とつぜん》、他界。

最後の最後まで、道を求め、多くの人々を助けるはたらきをされた方でした。

ご主人とのご縁の始まりは、運命の出会いとしか言えないものでした。ボランティア活動を通して、2人は出会うことになったのです。

最初の出会いで、不思議《ふしぎ》なことが起こりました。互《たが》いにまったく知らない者同士なのに、突然、福田さんが健次さんに向かって、「あなたはAB型で、岩手大学出身でしょ?」と語りかけたのです。

健次さんは長身で、彫《ほ》りの深い顔立ちに眼光鋭《がんこうするど》い大きな目のもち主。おまけに寡黙《かもく》。その人柄《ひとがら》を知らなかったら、なかなか近寄りがたい風貌《ふうぼう》です。

福田さん自身も、どうして自分がこんなことを言っているのか、わからない。

健次さんも、初対面の人からそんなことを言われ、ずいぶん面食《めんく》らったことでしょう。ところが、実際、健次さんの血液型はAB型で、出身校も岩手大学だったのです。なぜかわからないけれど、ずっと以前から知っている人のように感じました。

それ以来、裕子さんと健次さんは、いつも互《たが》いを尊重しながら、二人三脚《ににんさんきゃく》で人生を歩んできました。

何でも語り合う、本当に仲《なか》の良い夫婦であり、本当の信頼と愛情に支えられた親友のような、互いが分身のような、一心同体とも言える関係を育《はぐく》んできたのです。

お2人にとって大切なGLAでの活動も、その絆《きずな》を深めてゆく時間となりました。

ご主人が亡《な》くなった直後、福田さんとお会いする機会がありました。

私の顔を見るなり、福田さんは、「先生、ごめんなさい」と泣き崩《くず》れました。

「自分が足りなかったから、健次さんを逝《い》かせてしまった」というお気持ちだったのです。

「いいえ、あなたが1番つらかった。本当によくやってくださったと思います。だから、気持ちはわかるけれど、健次さんはそう思っていませんよ。健次さんは、かつて世捨て人のようになっていた自分が、あなたの明るさにどれほど励《はげ》まされたか、どれだけ人生を変えてもらったかという気持ちでいっぱいですよ」

そのとき、ご主人の魂が、私を通して福田さんに語りかけてこられたのです。

健次さんの魂が、まず、裕子さんに伝えてきたこと——。それは、あの日、胸が締《し》めつけられるように感じてソファに横になったとき、薄《うす》れゆく意識の中で、最後、心にあった想いでした。

「君はまだ帰ってこないだろう。でも、君に最初に見つけてほしい」

「実際、自分を最初に見つけてくれたのは君だったね。ありがとう」

ふと、気づくと、健次さんの魂は、自分の身体を抜《ぬ》け出して、ちょうど真上からソファに寝ている自分自身を眺《なが》めていました。

身体はそこにあるのに自分はここにいる。ああ、本当に魂だった。

健次さんの魂はそう伝えてきました。

気持ちを上に向けると、瞬時《しゅんじ》に天井《てんじょう》をすり抜けて屋根裏部屋のようになっている部屋に上がり、さらに屋根をすり抜けると、茶色い屋根が眼下《がんか》に、遠くには海が見えました。

福田さんご夫妻が住んでいたロッジのような家の上空にいたのです。

健次さんの魂は、自分が生きてきた世界を見渡すように眺めながら、それまでの歩みを振《ふ》り返り始めていました。

与《あた》えられた出会いの数々、様々に経験した出来事が走馬灯《そうまとう》のように眼前《がんぜん》に流れています。

山岳部の仲間と友人の部屋でお酒を呑《の》んで語り合った思い出。岩手に湧《わ》き上がるボランティア熱を支え、次の世代の育成に奔走《ほんそう》した日々。盛岡城で100本の鯉《こい》のぼりが立ち上がり、それを旗頭《はたがしら》に子どもたちが行進した光景。GLAの仲間と東北本部会館建設を願い、実現させた歩み。本当になつかしい日々。かけがえのない人生の経験──。

再び、健次さんの魂は、裕子さんに語りかけてきました。

かつての遠い過去の自分──。最初の妻との間で葛藤《かっとう》し、自分のこともわからなければ、相手のこともわからなかった。

そして、現実優先が強かった自分。それが1番大事なことだと思っていた。

でも、そうではなかったという想いが流れてきました。

君と出会って、心を知ることに誘《いざな》われ、もっと心のことを知りたいと思った。君がその道をつけてくれた。前の結婚のこともあって、人間が信じられなくなっていた。気力が萎《な》えてどこかあきらめかけていた。でも、君を信じることによって、もう一度、人を信じようと思えた。それも君が道をつけてくれた――。
君はその時々の気持ちで動くようなところがあるね。自分が置いたものも忘れてしまう。それは、心配なところ。でも、だから、こんな自分を揺《ゆ》り動かしてくれたんだと思っている――。

そして、健次さんの魂は、最後にこう伝えてこられたのです。

「君は、人生の大恩人で大親友。最高の女房《にょうぼう》だった」

健次さんは、地域の人々を支え、障がい者の方々と歩み、自らの修行をいったん終えて、次の世界に旅立ってゆかれたのです。

ご主人を亡《な》くされたことは、本当に悲しいことです。それは、もう取り返すことはできない――。

しかし、ご主人と福田さんの魂のつながりは変わらない。

そして、それぞれがパートナーに対して限りない愛情と敬意をもち続けていることは、本当に素晴らしく、稀有《けう》なことではないでしょうか。

お2人は、深い約束を交《か》わしてこの世界に生まれ、巡《めぐ》り合った魂同士だったのです。

さらなる挑戦《ちょうせん》へ――「喪失《そうしつ》」から人生を取り戻す

母を亡《な》くすという第1の喪失から、福田さんは、母親が生活していた地元の方々に何か恩返しができないかと考え、皆さんが憩《いこ》い、心から語り合える場所をつくりました。

その場が生まれたとき、福田さんは、「本当によかった」と心から思いました。

それは、喪失という人生のY《ワイ》が、福田さんの中から新たな願いを引き出したということなのです。

そして、ご主人を亡くすという第2の喪失と向き合い、そこに見えない呼びかけを聴いた福田さんは、今、さらなる挑戦に向かおうとしています。

それは、もう1つの「ぷねうま」、シェアハウス「ぷねうま」の立ち上げです。

福田さんは、拙著《せっちょ》『新・祈りのみち』の中の「同伴者《どうはんしゃ》としての祈り」の一節を、いつも心の支えとしてきました。

苦しみと悲しみは、いつも誰《だれ》かのそばにあります。
それをいつも噛《か》みしめることを忘れたくありません。……
「私ではなく、なぜあなたが?」という問いを胸に秘《ひ》めていたいのです。

シェアハウス「ぷねうま」は、この祈りの中から生まれてきたものでした。

建物には12の部屋があり、それらは「12の菩提心《ぼだいしん》」（詳《くわ》しくは拙著《せっちょ》『12の菩提心』を参照）を表しています。

菩提心とは、人間の中にある光の本質——本当の自らを求め、他を愛し、世界の調和に貢献《こうけん》しようとする心です。12の菩提心は、その心を、悠久《ゆうきゅう》の時の中で人間を導いてきた12の自然の姿に託《たく》したものです。

そして、1つ1つの部屋には、それぞれの菩提心が示す願いが込《こ》められています。

第1室は、月の部屋。この部屋で過ごす人が、暗闇《くらやみ》を照らす月の光のように、汚《けが》れのない静かな明るさを、いつもその心に湛《たた》えることができますように。

第2室は、火の部屋。この部屋で過ごす人が、火のような熱き心を抱《いだ》いて、大切なことに一心にまごころを尽《つ》くすことができますように。

第3室は、空《そら》の部屋。この部屋で過ごす人が、どんな試練に遭《あ》っても、空のように自由で、こだわりのない心をもち続けることができますように。

第4室以降も、山、稲穂《いなほ》、泉、川、大地、観音《かんのん》、風、海、太陽という部屋に、それぞれの菩提心の願いが込められているのです。

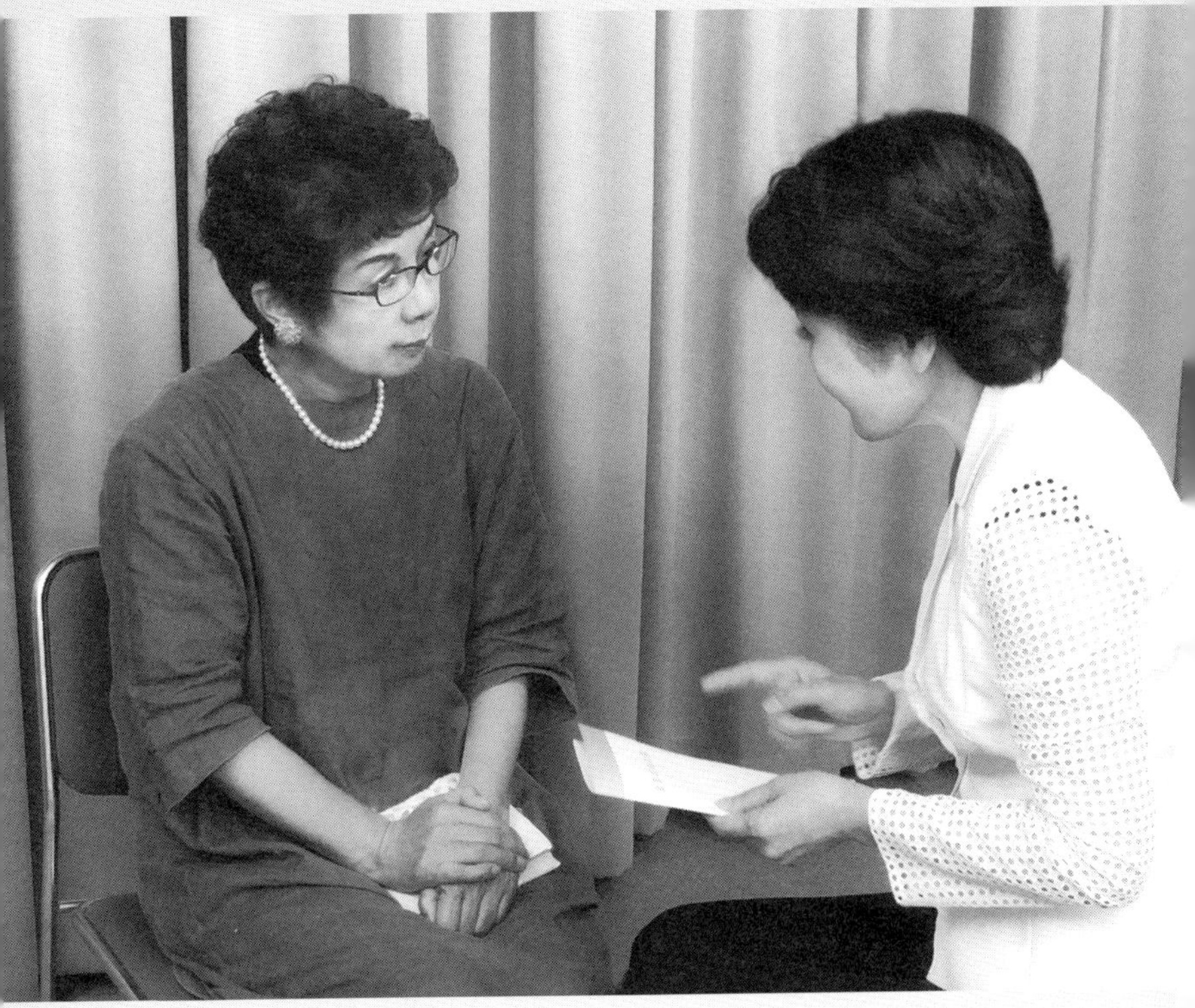

東日本大震災で母親を亡くし、その後、突然の病で夫を亡くした福田さん。癒やしがたい喪失の悲しみに沈んでいた福田さんを救ったのは、いずれの場合も、著者との対話を通して、亡き母の魂、そして亡き夫の魂の存在を確信した体験だった。そして今、2つの喪失体験から、新たな2つの願いを見つけ、その願いに向かって挑戦している。

2つの喪失体験の中で、新たな2つの願いを見出《みいだ》し、今、その願いを具現する道を歩んでいる福田さん――。

もちろん、かけがえのない家族との死別を元に戻すことはできません。

その痛みは、人生が続く限り、心に響《ひび》き続けることになります。

しかし、先にも述べたように、その死別、喪失はすべてを失うことではなく、絆《きずな》は変わることなく続いてゆく――。

そして、その喪失を経験したからこそ、福田さんは、新たな2つの場所を生み出そうとしました。大いなる存在の息吹《いぶき》が満ちることを願って「ぷねうま」と名づけられたカフェとシェアハウス――。

福田さんの人生は、喪失の陰影《いんえい》を帯《お》びながら、新たな輝《かがや》きを発しています。

福田さんは、まさに「喪失」から人生を取り戻したのです。

エピローグ――奇跡《きせき》の横棒1本

本書では、7人の人生を紹介しながら、人生を取り戻す7つの道を紹介してきました。

私は、よく皆さんに、**「幸（しあわせ）という文字と、辛（つらい）という文字は、たった横棒1本の違《ちが》いですよ」**とお話しさせていただいています。

幸（しあわせ）から横棒1本が外《はず》れて、辛（つらい）になるか。

逆に、辛（つらい）に横棒1本が加わって、幸（しあわせ）になるか。

この横棒1本は、人生を幸せにするか、不幸にするかを決める、いわば「奇跡の横棒1本」なのです。


もし、この横棒1本を、自らの意のままに扱《あつか》うことができたらどうでしょう。それは、究極《きゅうきょく》の処世術《しょせいじゅつ》となります。

そもそも、私たちは、自らの人生における「しあわせ」と「つらい」を、どのように決めているでしょうか。

誰《だれ》もがその人生で、X《エックス》（楽しいこと・うれしいこと・得をすること）と、Y《ワイ》（苦しいこと・悲しいこと・損をすること）の両方を経験してゆきます。過ぎ去った1年を振《ふ》り返るとき、「あの出来事はXだった。あれはYだった」と、自然にレッテル貼《ば》りをします。
そして、そのXとYを人生の天秤《てんびん》に乗せるのです。

もし、XがYを上回って、天秤がXに傾《かたむ》けば、その1年は良い1年だった。つまり、「しあわせ」な1年だったとなります。

逆に、YがXを上回って、天秤がYに傾けば、その1年は大変だった。「つらい」1年だったとなるのです。

人生においては、ビッグYに遭遇《そうぐう》し、天秤がYに傾いたまま停止してしまうことがあります。そのとき、私たちは、人生の深い谷に投げ込まれるのです。

「コロナ」「親ガチャ」「窓際《まどぎわ》」「回り道」「落ちこぼれ」「病」「喪失《そうしつ》」――7人の人生には、それぞれ7つの谷が現れました。

陽《ひ》の届かぬ暗闇《くらやみ》の谷から、陽光《ようこう》が射《さ》し込《こ》む人生の大地へと、どうすれば抜《ぬ》け出すことができるのか。その道すじを示す地図はなく、その行程《こうてい》を教えてくれる人もいません。

私たちは、その谷底で、自らの人生を手放《てばな》してしまうことになるのです。

本書で紹介した7人の実践者《じっせんしゃ》も同じでした。それぞれがそれぞれの人生の深い谷に迷い込《こ》み、人生の天秤は大きくYに傾いたまま、微動《びどう》だにしなくなってしまったのです。

しかし、彼らは、そこで奇跡の横棒1本を見出《みいだ》すことができました。その横棒1本を発見することによって、自らの人生を取り戻してゆかれたのです。

第1章の小松さんは、3年に及《およ》ぶコロナ禍《か》の中で、過酷《かこく》な医療《いりょう》現場に投げ込まれることになりました。しかし、目の前の事態から呼びかけを聴くことで、新たな世界との交流をつくり出し、「コロナ」から人生を取り戻しました。

第2章の早川さんが、もし、人生の不幸の原因を親ガチャのせいにしていたらどうだったでしょう。しかし、早川さんは、そうすることなく、両親も多くの未熟を抱《かか》えた1人の人間であるというまなざしを抱《いだ》いて、「親ガチャ」から人生を取り戻しました。

第3章の吉岡さんは、ビジネスマンとしての人生の最終コーナーで、仕事に邁進《まいしん》した人の誰もが恐れる窓際という試練に直面しました。しかし、吉岡さんは、本当の成功者とは何か——その真実を発見することによって、「窓際」から人生を取り戻しました。

第4章の増田さんの人生の回り道の問題は、昨今の青年たちが等しく抱える困難と言っても過言ではありません。しかし、増田さんは、自らの心の声を聴くことによって、自らの内深くに強い中心軸をつくり上げてゆきました。その力によって、「回り道」から人生を取り戻したのです。

第5章の岩城《いわき》さんの人生は、落ちこぼれという暗闇《くらやみ》に投げ込まれるところから始まりました。しかし、岩城さんは、そこから、自らの心のはたらき、受発色《じゅはっしき》の力を育むことによって、人生の命運路《めいうんろ》に上昇《じょうしょう》気流をつくり、「落ちこぼれ」から人生を取り戻してゆきました。

第6章の島崎さんは、難病ALS《エーエルエス》の発症《はっしょう》という試練を通して、魂の重心を確かにし、病気以前よりも強くなった家族の絆《きずな》によって、同じ病をもつ人々のお世話をするという新たな道をさし示してくれました。

そして、第7章の福田さんを襲《おそ》った2つの喪失《そうしつ》体験は、福田さんが応《こた》えるべき人生のテーマを示し、その道を明らかにしたのです。

これらは、如何《いかん》ともし難《がた》い試練に遭遇《そうぐう》した7人が、自らの魂の感覚、魂の重心を確かにすることによって、それぞれ奇跡の横棒1本を見出《みいだ》し、人生を取り戻していった歩みにほかなりません。

この本を手にしてくださったあなたも、今、自らの人生を取り戻すときを迎《むか》えているのではないでしょうか。

人生を取り戻すということは、決して絵空事《えそらごと》ではなく、架空《かくう》の物語でもありません。正しい生き方の法則に従って生きるならば、私たちは、必ず人生の谷から脱出《だっしゅつ》する道を見出すことができるのです。

そのとき、1人ひとりの人生は、すべての出会いと出来事、すべての経験を伴《ともな》って固有の輝《かがや》きを発することになるでしょう。その人生だけが抱《いだ》く光を放つことができるのです。

そして、そのように取り戻された人生が1つ、また1つとつながり、響《ひび》き合ってゆくならどうでしょう。それこそ、私たちがめざすべき新たな世界、新たな時代の片鱗《へんりん》にほかならないと私は思うのです。

誰の心の中にも、「本当はこう生きたい。こんな人生を生きられたら、どんなに素晴らしいだろう」——そのような「人生のヴィジョン」があります。

心の奥深く、私たちが「魂」と呼んでいる場所に、どうしても果たしたい人生の願いが刻まれています。

私たちは、その人生を自らの手に取り戻さなければなりません。

あなたに「その日」が訪れることを心より願って、本書の結びとさせていただきます。

◎本書の内容をさらに深く知りたい方へ

本書の内容をさらに深く知りたいと思われる方には、高橋佳子氏が提唱する「魂の学」を学び実践する場、GLAがあります。
詳しくは下記までご連絡ください。

GLA
〒111-0034 東京都台東区雷門2-18-3　Tel.03-3843-7001
https://www.gla.or.jp/

また、高橋佳子氏の講演会が、毎年、開催されています。
詳しい開催概要等については、以下までお問い合わせください。

高橋佳子講演会実行委員会
お問い合わせ専用ダイヤル Tel.03-5828-1587
https://www.keikotakahashi-lecture.jp/

著者プロフィール

高橋佳子（たかはし けいこ）

現代社会が抱える様々な課題の根本に、人間が永遠の生命としての「魂の原点」を見失った存在の空洞化があると説き、その原点回復を導く新たな人間観・世界観を「魂の学」として集成。

現在、「魂の学」の実践団体GLAを主宰し、講義や個人指導は年間300回以上に及ぶ。1992年から一般に向けて各地で開催する講演会には、これまでに延べ160万人の人々が参加。あらゆる世代・職業の人々の人生に寄り添い、導くとともに、日本と世界の未来を見すえて、経営・医療・教育・法務・福祉・芸術など、様々な分野の専門家を対象としたセミナーを毎年継続的に行っている。そこで説かれる「魂の学」の実践原則と手法は、内なる魂と心の進化を導くと同時に、具体的な現実を変え、問題を解決し、新たな未来を創造する力を１人ひとりに与えている。万を超えるその実践者の成果は、心と現実を同時に変革するダイナミックな新時代の実践哲学として、各方面から注目を集めている。

主著に『２つの扉』『ゴールデンパス』『自分を知る力』『最高の人生のつくり方』『あなたがそこで生きる理由』『運命の逆転』『未来は変えられる！』『１億総自己ベストの時代』『希望の王国』『魂の発見』『新・祈りのみち』『あなたが生まれてきた理由』（以上、三宝出版）ほか多数。

人生を取り戻す――「まさかの時代」を生き抜く力

2023年4月9日　初版第1刷発行

著　者　高橋佳子
発行者　田中圭樹
発行所　三宝出版株式会社
〒111-0034　東京都台東区雷門2-3-10
電話　03-5828-0600　https://www.sampoh.co.jp/
印刷所　株式会社アクティブ
装　幀　株式会社ブッチ

ISBN978-4-87928-140-1